中华文化风采录

浩瀚经典宝库

非凡的政论

孔繁荣 编著

北方妇女儿童出版社
·长春·

版权所有　侵权必究

图书在版编目(CIP)数据

非凡的政论 / 孔繁荣编著. —长春：北方妇女儿童出版社，2017.4（2022.8重印）
（浩瀚经典宝库）
ISBN 978-7-5585-0925-4

Ⅰ．①非… Ⅱ．①孔… Ⅲ．①古代哲学－介绍－中国 Ⅳ．①B21

中国版本图书馆CIP数据核字(2017)第055078号

非凡的政论
FEIFAN DE ZHENGLUN

出 版 人	师晓晖
责任编辑	吴　桐
开　　本	700mm×1000mm　1/16
印　　张	6
字　　数	85千字
版　　次	2017年4月第1版
印　　次	2022年8月第3次印刷
印　　刷	永清县晔盛亚胶印有限公司
出　　版	北方妇女儿童出版社
发　　行	北方妇女儿童出版社
地　　址	长春市福祉大路5788号
电　　话	总编办：0431-81629600
定　　价	36.00元

序言

习近平总书记说:"提高国家文化软实力,要努力展示中华文化独特魅力。在5000多年文明发展进程中,中华民族创造了博大精深的灿烂文化,要使中华民族最基本的文化基因与当代文化相适应、与现代社会相协调,以人们喜闻乐见、具有广泛参与性的方式推广开来,把跨越时空、超越国度、富有永恒魅力、具有当代价值的文化精神弘扬起来,把继承传统优秀文化又弘扬时代精神、立足本国又面向世界的当代中国文化创新成果传播出去。"

为此,党和政府十分重视优秀的先进的文化建设,特别是随着经济的腾飞,提出了中华文化伟大复兴的号召。当然,要实现中华文化伟大复兴,首先要站在传统文化前沿,薪火相传,一脉相承,弘扬和发展5000多年来优秀的、光明的、先进的、科学的、文明的和自豪的文化,融合古今中外一切文化精华,构建具有中国特色的现代民族文化,向世界和未来展示中华民族具有独特魅力的文化风采。

中华文化就是中华民族及其祖先所创造的、为中华民族世世代代所继承发展的、具有鲜明民族特色而内涵博大精深的优良传统文化,历史十分悠久,流传非常广泛,在世界上拥有巨大的影响力,是世界上唯一绵延不绝而从没中断的古老文化,并始终充满了生机与活力。

浩浩历史长河,熊熊文明薪火,中华文化源远流长,滚滚黄河、滔滔长江是最直接的源头,这两大文化浪涛经过千百年冲刷洗礼和不断交流、融合以及沉淀,最终形成了求同存异、兼收并蓄的辉煌灿烂的中华文明。

中华文化曾是东方文化的摇篮,也是推动整个世界始终发展的动力。早在500年前,中华文化催生了欧洲文艺复兴运动和地理大发现。在200年前,中华文化推动了欧洲启蒙运动和现代思想。中国四大发明先后传到西方,对于促进西方工业社会形成和发展曾起到了重要作用。中国文化最具博大性和包容性,所以世界各国都已经掀起中国文化热。

中华文化的力量,已经深深熔铸到我们的生命力、创造力和凝聚力中,是我们民族的基因。中华民族的精神,也已深深根植于绵延数千年的优秀文化传统之中，是我们的精神家园。但是，当我们为中华文化而自豪时，也要正视其在近代衰微的历史。相对于5000年的灿烂文化来说，这仅仅是短暂的低潮，是喷薄前的力量积聚。

中国文化博大精深，是中华各族人民5000多年来创造、传承下来的物质文明和精神文明的总和，其内容包罗万象，浩若星汉，具有很强的文化纵深感，蕴含丰富的宝藏。传承和弘扬优秀民族文化传统，保护民族文化遗产，已经受到社会各界重视。这不但对中华民族复兴大业具有深远意义，而且对人类文化多样性保护也有重要贡献。

特别是我国经过伟大的改革开放，已经开始崛起与复兴。但文化是立国之根，大国崛起最终体现在文化的繁荣发展上。特别是当今我国走大国和平崛起之路的过程，必然也是我国文化实现伟大复兴的过程。随着中国文化的软实力增强，能够有力加快我们融入世界的步伐，推动我们为人类进步做出更大贡献。

为此，在有关部门和专家指导下，我们搜集、整理了大量古今资料和最新研究成果，特别编撰了本套图书。主要包括传统建筑艺术、千秋圣殿奇观、历来古景风采、古老历史遗产、昔日瑰宝工艺、绝美自然风景、丰富民俗文化、美好生活品质、国粹书画魅力、浩瀚经典宝库等，充分显示了中华民族厚重的文化底蕴和强大的民族凝聚力，具有极强的系统性、广博性和规模性。

本套图书全景展现，包罗万象；故事讲述，语言通俗；图文并茂，形象直观；古风古雅，格调温馨，具有很强的可读性、欣赏性和知识性，能够让广大读者全面触摸和感受中国文化的内涵与魅力，增强民族自尊心和文化自豪感，并能很好地继承和弘扬中国文化，创造未来中国特色的先进民族文化，引领中华民族走向伟大复兴，在未来世界的舞台上，在中华复兴的绚丽之梦里，展现出龙飞凤舞的独特魅力。

目 录

思想源流——诸子百家

002　最早的政论集——《晏子春秋》

009　纵横权谋术——《鬼谷子》

021　法家思想大成——《韩非子》

学术嬗变——两汉争鸣

以道治国的论著——《新语》　026

政治哲学著作——《春秋繁露》　029

抨击时政得失——《潜夫论》　034

品评天下——魏晋之风

038　政治哲学论著——《申鉴》

041　识人品人宝典——《人物志》

045　政论性圣贤之道——《中论》

目 录

鉴古论今——隋唐论政

050　理学教育先驱——《中说》

055　为君之道的文献——《帝范》

059　君臣论政——《贞观政要》

天鉴风云——宋明政见

兵法权谋论著——《权书》　066

第一治国大典——《帝学》　071

力明正学——《大学衍义》　074

官道之学——清代官箴

080　从政教训——《从政遗规》

084　为官之道——《中国官场学》

088　官箴精粹——《居官必览》

思想源流

诸子百家

我国春秋战国时期,神州大地掀起了一场社会变革风暴,在这场摧枯拉朽、势不可当的大变革中,士人作为新出现的阶层,在解决或回答现实问题时,各自提出了不同的政治主张和要求,出现了百家争鸣的局面,促成了我国历史上第一次思想大解放。

在当时,政论之说成为士人关注的热点,特别是儒家、道家、纵横家、法家、墨家等"诸子百家",开创了我国政论理论的先河,产生了一系列相应的专著,奠定了我国思想文化的基础,对后世的影响极大。

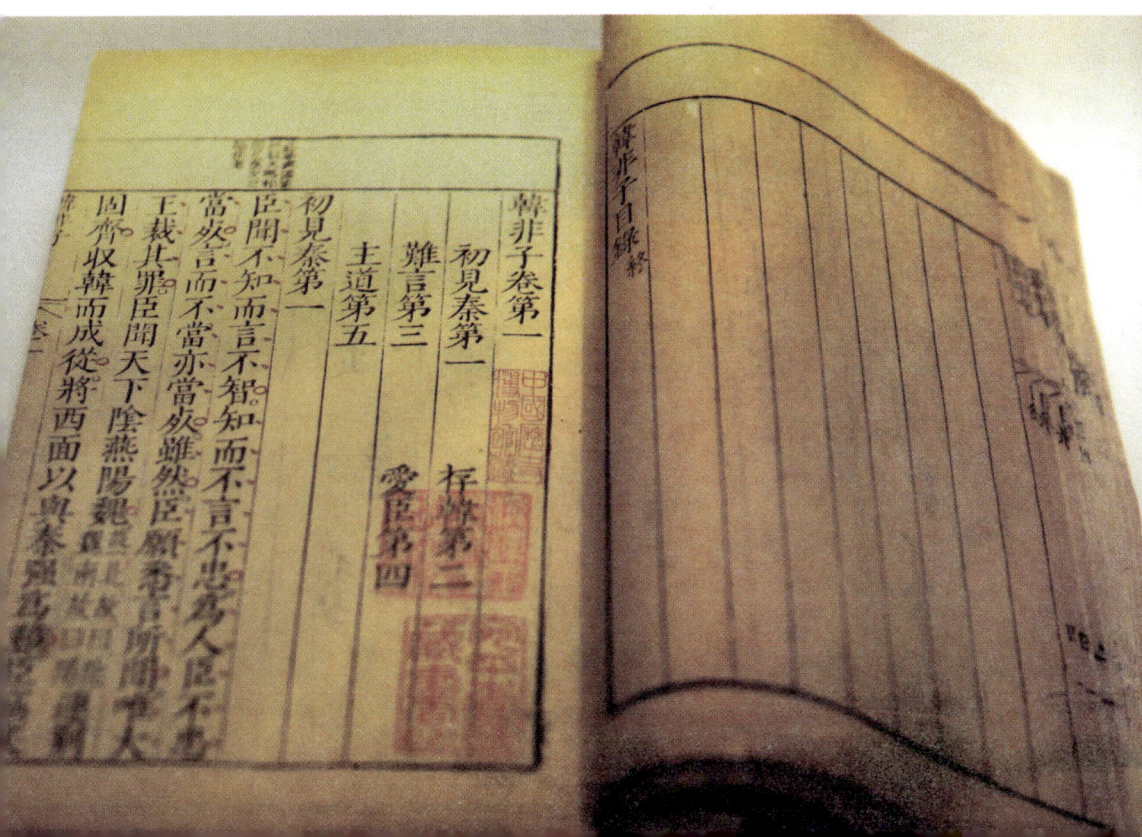

最早的政论集——《晏子春秋》

晏婴雕塑

我国春秋时期，东周王室分封的各个诸侯国势力越来越大，周天子的权威一点一点被削弱了。春秋初期的140多个诸侯列国，经过连年兼并，后来只剩下了几个实力较强的，他们为了争当霸主，不断互相征战。

在整个春秋期间，先后有5个诸侯国的国君成为霸主，他们是齐桓公、宋襄公、晋文公、秦穆公和楚庄王，被史家称为"春秋五霸"。

齐桓公是齐国国君，是第

《晏子使楚》雕塑

一个称霸的国君。他任用晏婴为相国,加强外交建设。而晏婴不负重托,多次出使,凭着自己过人的智慧和胆识,维护了齐国的利益,捍卫了齐国的尊严。

有一次,晏婴出使楚国,楚国大臣按照礼仪为他洗尘接风,但在席间,双方展开了激烈的辩论。

楚国下大夫首先发问,他说:"齐自太公封国建邦以来,煮盐垦田,富甲一方,兵甲数万,足以与楚匹敌。为什么自齐桓公称霸之后,昙花一现,再不能领袖诸侯了呢?齐国国土之宽广,人口之众多,国家之富庶,加上晏相国你的才智,怎么就不能再崛起中原呢?反而前来与我楚国结盟,这太让人费解了啊!"

晏婴答道:"识时务者为俊杰,通机变者为英豪,先前自周失政于诸侯之后,诸侯连年征战,春秋五霸迭兴,齐称霸于中原,秦国威震于西戎,楚国称雄于荆蛮之地,这一切固然有人为的因素,可

周天子 西周和东周国王的称号。周王朝国君自认为是上天的儿子,故称周天子。周代政权分为西周和东周。西周从公元前1046年到公元前771年,东周自公元前770年到公元前256年。周朝共传30代37位天子,延续约800年时间。

大多数靠的是天意。先前以晋文公的雄才大略，尚且逃亡四方；秦穆公霸于西戎之后，文治武功盛极一时，其死后子孙衰弱，再也难振往日之雄风了。就连你们楚国也一样是在楚庄王之后，常受吴晋两国的骚扰，困苦不堪，难道只有齐国衰弱不成？今日齐国前来交好结盟，这只是邻国之间的友好往来罢了。你作为楚国名臣，应通晓'随机应变'这四个字的含义，怎么也会问出这样的问题呢？"

楚国的下大夫红着脸就退下来了。楚国的上大夫不服气地质问道："您自以为是随机应变之士，然而齐自内乱以来，齐臣为君死的不可计数，而您作为齐国的世家大族，却不能讨伐叛贼，或弃官明志，或为君王而死，您不觉得羞愧吗？为什么还贪恋名誉地位迟迟不肯离去呢？"

晏婴正色反驳道："做大事的人，不必拘泥于小节，人无远虑，必有近忧。我只知道君主为国家的社稷而死时，做臣子的才应该与之同死，而今先君并非为国家社稷而死，那么我为什么要随随便便从先君而死呢？那些死的人都是愚人，而非忠臣，我虽不才，但又怎能以一死来沽名钓誉呢？况且在国家有变时，我不离去，乃是为了迎立新君，为的是保存齐的宗祖，并非贪图高位！假使每个人都离开了朝中，国家大事又由谁来做呢？并且国家内乱，哪一国没有发生过呢？你们楚国不是也有这种事吗？又何必

秦穆公塑像

责怪我们？"

这时，又有楚臣不满地说道："英雄豪杰，必相貌绝伦，雄伟无比，而今相国您身高不足五尺，手无缚鸡之力，只是个徒逞口舌之利的说客罢了。单单依靠口舌，而没有实际的本领，欺世盗名，不感到可耻吗？"

晏婴道："我听说秤砣虽小，能值千斤，舟桨虽长，不免为水浸没，纣王勇武绝伦，仍旧身死国亡，为什么呢？我承认自己并无出众的本领，愧居相位，却绝不是与您逞口舌之利，只是问有所答罢了。难道让我拒不回答吗？那也太没礼貌了。"

《晏子春秋》"二桃杀三士"故事图

晏婴头脑机灵，能言善辩，善于辞令，既富有灵活性，又坚持原则性，终使楚国大臣们败下阵来。晏婴不辱使命，出色地完成了任务。

晏婴历任齐灵公、齐庄公、齐景公3朝的卿相，辅政长达60余年，德高望重，人称晏子。

晏子从政睿智，爱民，是春秋时期的人才之一。他出使时能够维护国家尊严，在国内辅助国政时，屡谏齐君。他勤政爱民，生活节俭，谦恭下士。西汉著名史学家司马迁非常推崇晏婴，将其比作辅佐齐桓公成为第一霸主有"春秋第一相"之誉的管仲。

晏婴的言行对当时和后世影响比较大，后人把他的思想、言行、事迹集结成书，并托名晏婴本人所做，形成了《晏子春秋》一书，也叫《晏子》。它是我国最早的政论集。

■ 《晏子春秋》"二桃杀三士"浮雕图

叔向（？~约前528年），姬姓，字叔向，春秋后期晋国贤臣，著名政治家、外交家。他出身晋国公族，历事晋悼公、晋平公、晋昭公3朝，为晋平公傅、上大夫，叔向和晏婴是同时代人，他以正直和才识见称于时，留下了一些重要的政治见解和政治风范。

《晏子》详细地记述了晏婴的生平轶事以及各种传说和趣闻等，由215个小故事相互关联和补充，构成了栩栩如生的完整的晏子形象。

《晏子》分内篇、外篇两部分：内篇分谏上、谏下、问上、问下、杂上、杂下6篇；外篇分上、下2篇。谏上、谏下主要记叙晏婴劝谏齐君的言行。问上、问下主要记叙君臣之间、卿士之间以及外交活动中的问答。杂上、杂下主要是记叙晏婴其他各种各样的事件。外篇2篇内容较为驳杂，与内篇6篇相通而又相别。

晏子在当时很有名望，晋国政治家叔向就曾经向晏子请教："什么样的想法才是高明的呢？什么样的行为才是宽厚的呢？"

晏子回答他说:"没有比爱护百姓更高明的想法,没有比让百姓快乐更宽厚的做法。"这就是晏子施政的中心内容,用晏子的话说,就是"意莫高于爱民,行莫厚于乐民"。

在治国方面,晏子非常推崇管仲的做法,遇有灾荒,国家不发粮救灾,他就将自家的粮食分给灾民救急,然后上谏君主赈灾,深得百姓爱戴。

晏子认为,强国富民的根本在于"爱民、举贤、行仁、利世"。《晏子·内篇问上·威当世而服天下》中记载,齐庄公问晏婴:"如何能称霸而使天下人悦服呢?"

晏婴回答说:"能爱邦内之民者,能服境外之不善;重士民之死力者,能禁暴国之邪逆;任用贤者,能威诸侯;安仁义而乐利世者,能服天下。"

齐庄公听后非常赞成,从那以后他更加信任晏婴。晏婴把齐国治理得非常好，使齐国再次富强了起来。

晏子在书中认为，礼是区别人与禽兽的标准。没有礼，人就成了禽兽。晏子把礼看作治国的根本、统治百姓的工具，在这一点上，晏子与后来的孔子是很有相似之处的。

《晏子》不仅鲜明地表现了晏子的光辉思想，而且也记载了许多表现晏子优良品质和高尚道德情操的故事，如退思补过、待人宽以约、责人重以周、谦虚谨慎等美德，书中都做了大力宣扬。

在书中，晏子的节俭观念得到了充分体现。晏子认为，节俭是一个贤人的基本品质，所以，他对那些富贵骄奢、铺张浪费的人从心底抱有一种反感。他曾对齐景公的穷奢极欲进行了多次批评，他自己则处处节俭，严格要求和约束自己。

齐景公看到晏子的妻子又老又丑，就想把年轻漂亮的女儿嫁给晏子，晏子拒绝了。晏子的这种糟糠之妻不下堂，忠贞爱情，不背叛老妻的行为与品德，在男尊女卑的时代确实难得。

《晏子》这部书多侧面地记叙了晏婴的言行和政治活动，突出地反映了他的政治主张和思想品格，成为后世许多著名政治家执政为民的指导读本。

阅读链接

齐景公喜欢捉鸟玩，就派臣子烛邹专门管理鸟。可是烛邹不慎让鸟飞走了。齐景公大为恼火，下令杀烛邹。晏子知道这件事后，就请求替齐景公问罪。

晏子对烛邹说："烛邹！你知罪吗？你为国王管鸟却让它逃走，这是第一条罪状；使国王为了鸟而杀人，这是第二条罪状；这事传出，让天下人认为我国重小鸟而轻士人，败坏我们国王的名誉，这是第三条罪状。你真是罪该万死！"说完，他请求齐景公下令斩杀烛邹。这时，齐景公却说："不要杀他，我接受你的指教了。"

纵横权谋术——《鬼谷子》

春秋时期,在周王朝的阳城地界,有一个山谷,山深树密,幽不可测,不是一般人所能居住的地方,所以叫"鬼谷"。

在这谷中居有一位隐者,自号"鬼谷子",相传他是晋平公时人,姓王名诩。传说他是道教洞府真仙,位居第四座左位第十三人,被尊为玄微真人,又号玄微子。

鬼谷子在云梦山与宋人墨翟一起采药修道。墨子不娶妻不养子,云游天下,济人利物,救危扶穷。鬼谷子王诩则通天彻地,其学问之渊博,无人能及。有记载:

鬼谷子画像

一曰数学,日星象纬,在其掌中,占往察来,言无不验;二曰兵学,六韬三略,变化无穷,

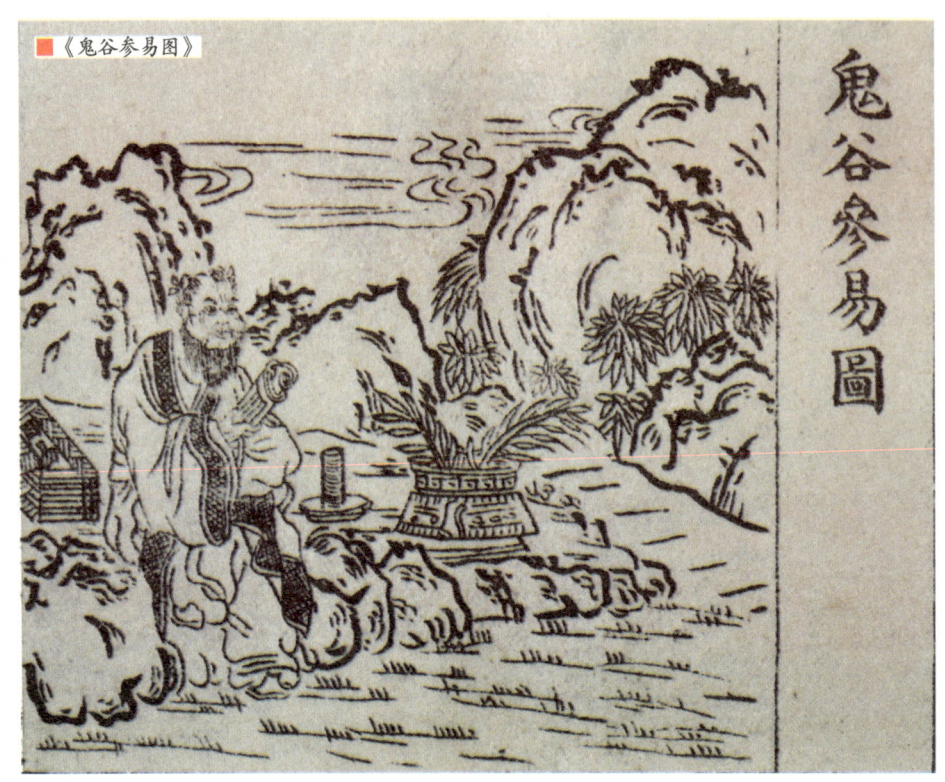

《鬼谷参易图》

布阵行兵，鬼神不测；三曰游学，广记多闻，明理审势，出词吐辩，万口莫当；四曰出世学，修真养性，服食导引，却病延年，冲举可俟。

相传鬼谷子的师父升仙而去时曾留下一卷竹简，简上书"天书"二字。打开看时，从头至尾竟无一字，鬼谷子一时心中纳闷儿。他与师父相依为命9年时光，感情日笃，师父突然离去，一时觉得无着无落，心中空空荡荡的，无心茶饭，钻进自己的洞室倒头便睡。

可又如何睡得着？他辗转反侧，想着那卷无字天书的竹简，一直折腾到天黑，那竹简仍在眼前铺开卷起，卷起铺开，百思不得其解。

鬼谷子索性爬起来，点着松明火把，借着灯光一看，吓得他跳了起来，竹简上竟闪出道道金光，一行行蝌蚪文闪闪发光，鬼谷子叹道："莫非这就是世传《金书》？"

鬼谷子一时兴致倍增，他一口气读下来，从头至尾背之成诵。原来上面记录着一部纵横家书，尽讲些捭阖、反应、内楗、抵巇、飞钳之术，共13篇。

第一篇大意是说，与人辩论，要先抑制一下对方势头，诱使对手反驳，以试探对方实力。有时可以信口开河，以让对方放松警惕，倾吐衷肠；有时也要专听对方陈说，以考察其诚意。要反驳别人就要抓牢证据，想不让人抓到证据，就要滴水不漏。

第二篇是说，与人辩论，要运用反复手法。如果反反复复地试探，没有摸不到的底细。有时可以运用反问来试探对手，要想听到声音，就先沉默；要想张开，就先关闭；要想升高，就先下降；要想夺取，就先给予。

第三篇大意是说，要掌握进退诀窍，这诀窍就是抓住君主爱好，只要抓住了就可以随心所欲。如能顺着君主情绪去引导或提出建议，就能随机应变，说服君主。

第四篇大意是说，凡事都不是铁板一块，都是有裂痕的。在辩论中要能利用别人的裂痕，同时，还要防止自己一方出现裂

竹简 战国至魏晋时期的书写材料。是削制成的狭长竹片。竹片称简，木片称札或牍，统称为简。均用毛笔墨书。简册的长度，如写诏书律令的长约67.5厘米，抄写经书的长约56厘米，民间写书信的长约23厘米。

■ 鬼谷子参易塑像

痕。小裂痕可以发展为泰山那样大，所以当裂痕小时要补住，大点时要切断裂缝，当大到不可收拾时就干脆将其打破，裂痕也就消灭了。

第五篇大意是说，与人雄辩要设法探出对方意图，用飞扬之法套出对方真话，再用钳子钳住，使其不得缩回，只好被牵着走。

第六篇大意是说，要想说服他人，必先衡量一下自己才能长短，比较优劣，自身才能不如他人，就不可能战胜他人。

第七篇大意是说，要游说国君，就必须会揣测情绪，当人极度兴奋与恐惧时，就无法隐瞒真情。在这时才能有效地游说和说服人。

第八篇大意是说，善于揣摩的人像钓鱼一样不动声色，让鱼自动上钩，把事情办成功，使人不知不觉。

第九篇大意是说，游说国君，要先比较其他诸侯国的地形、谋略、财货、宾客、天时、安危，然后才能去游说。

第十篇大意是说，做大事，要有一个计划，就像指南针一样，要先策划好，再按着策划的目的去游说。

第十一篇大意是说，游说需要先解疑，解疑的好办法是让对方道出实情。

指南针 一种判别方位的仪器。指南针的前身是我国古代"四大发明"之一的司南。主要组成部分是一根装在轴上可以自由转动的磁针，磁针在地磁场作用下能保持在磁子午线的切线方向上，磁针的北极指向地理的北极，利用这一性能可以辨别方向。常用于航海、大地测量、旅行及军事等方面。

■ 鬼谷子居住的鬼谷庐

第十二篇大意是说，耳朵要善于听，眼睛要善于看，只有对事情了如指掌，才能言无不验，言无不听。

第十三篇大意是说，游说要靠巧辞，要对什么人说什么话，说什么话就要采用什么办法和说辞。不要简单直言，要研究讲话的对象，讲究讲话的技巧。

鬼谷子读完这13篇，不禁拍案叫绝。他想起平素与真人辩论时，真人从来不主动发话，原来真人有如此金书啊！他不禁想起与师父一起生活研习的时光，一股股暖流，一阵阵的心酸，不时又增添了几分孤寂。于是，他熄了灯，钻进被窝睡觉了。在梦中，他梦见了自己手持金书游说天下的情形。

鬼谷子塑像

鬼谷子第二天醒来后觉得十分困顿，但他还是放心不下金书，又打开金书想细细推敲，不料书中却一字皆无。鬼谷子从头翻至书尾还是一字不见，他更觉此书乃师父至宝，要十分珍重，便走进内洞将其藏在卧榻之上。然后，他走出洞门按照师父所嘱进行练功。

不觉又是日落偏西，黑夜又至，鬼谷子走入洞内上榻休息，只见金书闪着金光，字迹依稀可见。原来，月光从天窗射进来照在金书上，鬼谷子才发现这金书原属阴性，见日则不显，在月光、灯光下才显其缕缕金文，真乃旷世奇书啊！

鬼谷子走出洞，来到石桌边，点燃烛火，把金书拿来细看。突然

诸侯 古代中央政权所分封的各国国君的统称。周代分公、侯、伯、子、男五等，汉代分王、侯二等。周制，诸侯名义上需服从王室的政令，向王室朝贡、述职、服役，以及出兵勤王等。汉时诸侯国由皇帝派相或长吏治理，王、侯仅食赋税。

■ 鬼谷子书院

发现，怎么换了文章呢？昨天读的本是纵横之言，如今怎么成了兵法呢？于是，他把竹简细细地翻了一遍，左看右看还是兵法，并无纵横之术。这书更加奇了。于是，鬼谷子就一口气读下去，仍然是13篇。

第一篇大意是说，纵横捭阖是方略，是治国的基础。治世安民，一统天下，用兵不是最好的策略。拥有军力而避免交战，通过外交而罢兵，达到不战而胜，以军事手段达到制止战争的目的，才是上策。

第二篇大意是说，军机大事在于知己知彼，要有制胜之谋，掌握敌情要快、要全，暴露给敌人的要少、要慢，阴谋与阳谋，方略与圆略，要交替运用，不可固守一端。兵无定策，策无定形，使人无可乘之机。

第三篇大意是说，君臣上下之事，有亲有疏，有远有近，不论远近都要有默契，计谋都要大致相同。

如果是这样，君主就会重用你，将帅就可能出将入相，就能够建功立业。如果在君主身边不被任用，那是计谋不合，那么卸甲归田才是上策。

第四篇大意是说，合久必分，分久必合，这是自然的规律。圣明的君主，见到世事有了裂痕，就要设法去弥合，而弥合也有几种不同的方法。诸侯之间的征伐是不可避免的，参与争霸才是上策，不要一味躲避退让。

"鬼谷子"剪纸画

第五篇大意是说，凡要决定远征近伐，就要权衡力量优劣。要考虑敌我双方的财力、外交、地理、上下关系等，那些有隐患的就要征服。征服的上策，要靠实力去威慑。

第六篇大意是说：各国之间或联合，或对抗，要成就大业，就要有全面计谋，要有掌控四海和包容诸侯的气魄。不是圣明的君子，没有深层的智谋，就不能统率国家。没有聪明的人，就不能主持军机大事。要正确确立联合谁、打击谁，关键在于自己要有才能智慧，比较双方的长处与短处，然后才能可进、可退、可纵、可横，把兵法运用自如。

第七篇大意是说：要谋划国家大事，就必须学会揣测他国的想法。如果不会揣测，虽有先王之道，圣智之谋，也是没用的。揣测是计谋的根本。

第八篇大意是说：主持练兵，使军队能打胜仗而士兵又没有畏惧感，使军队常在不动兵器、不花费

甲 这里指铠甲。古代战场上将士穿在身上的防护装具。先秦时，主要用皮革制造，称甲、介、函等；战国后期，出现用铁制造的铠，皮质的仍称甲；唐宋以后，不分质料，或称甲，或称铠，或铠甲连称。

■ 苏秦塑像

阴阳家 流行于战国末期到汉初的一种学派，齐人邹衍是其代表人物。大体而言，邹衍的阴阳家思想表现在将自古以来的数术思想与阴阳五行学说相结合，并试图进一步地发展，用来建构宇宙图式，解说自然现象的成因及其变化法则。

钱物的情况下就能取得胜利，这才算"神明"。而要做到这一点，关键在于谋略，而谋略是否成功，关键又在于周密。

第九篇大意是说：善于争霸天下的人，必须权衡天下各方的力量，要度量各国的土地人口、财富、地形、谋略、团结、外交、天时、人才、民心等国事，然后才能做出重大的决策。

第十篇大意是说：凡兵谋都有一定规律。事生谋，谋生计，计生议，议生说，说生进，进生退，退生制。计谋之用，公不如私，私不如法，正不如奇，奇流而不止。

第十一篇大意是说：凡是要做出决断，如果有疑惑，可以通过分析来判断。军中大事，头绪十分复杂，难以决断时，可以用商量的方法决断大事。

第十二篇大意是说：在用兵将之时要赏罚严明，用赏最重要的是公正，赏罚严明才能无往不胜。

第十三篇大意是说：希望办事成功是人之常情，为此，聪明的人不用自己的短处，而宁可用愚人的长处，不用自己笨拙的方面，而宁用愚人的聪明方面，只有这样才不会陷入困境。

鬼谷子发现《金书》奥秘后,他每夜读一遍,则每夜可得一书。第三夜他得的是致富奇书,里面讲的是一些养殖方法、贸易原则等,讲"将欲取之必先与之",讲"世无可抵则深隐以待时"。

鬼谷子在第四夜读到的是《养性修真大法》,里面主要讲述《本经阴符七术》。第五夜读的推命相面之术,第六夜、第七夜又读到了不同的内容,俱是精要之言,世所罕见。

鬼谷子每夜必读一遍,每次一部新书,天上人间、治国安邦、仕途经济、天文地理、星命术数、丹药养生,无所不有,取之不尽,用之不竭。鬼谷子视为珍宝,爱不释手。

后来,鬼谷子成了一个很有韬略的政治家和擅长词锋的外交家,更是成了著名的阴阳家、预言家等大家。他长于持身养性,精于心理揣摩,深明刚柔之势,通晓纵横捭阖之术,独具通天之智,所以世人都称他是一位奇才和全才,他被后人誉为千古奇人。

鬼谷子想到,不能让师父留下来的《金书》失传,他便根据金书的内容,再根据自己的参悟体会,写出了《鬼谷子》及《本经阴符七

■ 庞涓(?~前341年),战国时期魏国人。曾率领魏武卒横行天下,促使魏国称霸诸侯。其人智勇双全,爱兵如子,但对魏王过于忠心,且为人有恻隐之心,最终因孙膑之计而身死马陵道。他的人生起落成为魏惠王霸权盛衰的标志,他的死为魏国的霸权敲响了丧钟,魏武卒也从此退出了历史舞台。

■ 孙膑 生卒年不详,我国战国时期军事家,兵家代表人物。孙膑是孙武的后代。孙膑曾与庞涓为同窗,因受庞涓迫害遭受膑刑,身体残疾,后在齐国使者的帮助下投奔齐国,被齐威王任命为军师,辅佐齐国大将田忌两次击败庞涓,奠定了齐国的霸业。

术》两书。

《鬼谷子》共有14篇,分上中下3卷:上卷以权谋策略为主,包括捭阖、反应、内揵、抵巇4篇;中卷以言辩游说为重点,包括飞箝、忤合、揣篇、摩篇、谋篇、决篇、符言、转丸、胠乱10篇,其中转丸、胠乱后失传;下卷以修身养性、内心修炼为核心,包括本经阴符七术、持枢、中经3篇。

《鬼谷子》集中表现了战国的智谋权术、变谲辞谈,超出了我国古代哲学书籍《易经》和春秋时期道家学派创始人老子的"阖辟翕张",其中深刻智谋更是其他兵家秘籍所不及。

运用《鬼谷子》所阐明的道理,可以从事国家外交活动,能够在风云变幻的国际形势下稳操胜券;可以指挥千军万马,能够占据山川险要,明察士兵的强弱;还可以认识民众的多寡,分辨君王宰相的贤愚,可以随机应变消除祸害与隐患等。

事实上,在纵横捭阖的战国时期,《鬼谷子》的

《易经》 简称《易》,又称《周易》,是我国古代哲学书籍,相传为周人所做。它是我国传统思想文化中自然哲学与伦理实践的根源,对我国文化产生了巨大的影响。它是华夏智慧与文化的结晶,被誉为"群经之首,大道之源"。

纵横学说是不容忽视的。以至于后来南北朝时著名文学理论家刘勰评价说：

> 战国争雄，辩士云涌，纵横参谋，长短角势……一人之辩，重于九鼎之宝，三寸之舌，强于百万雄师。

鬼谷子不仅著书立说，他还认为应该把这些学问不断发扬光大，于是他就招收门徒，开坛授课。他有几位杰出弟子，那就是叱咤战国时期的著名纵横家苏秦和张仪，还有著名兵家孙膑和庞涓等。

当年苏秦凭其三寸不烂之舌，合纵六国，佩六国相印，统领六国共同抗秦，显赫一时。而张仪又凭其谋略与游说技巧，使六国合纵土崩瓦解，为秦国立下了不朽功劳。

孙膑与庞涓跟从鬼谷子学习兵法，鬼谷子见孙膑

> **苏秦**（？～前284年），战国时人，是与张仪齐名的纵横家。苏秦最为辉煌的时候是劝说六国国君联合，堪称辞令之精彩者。于是身佩六国相印，叱咤风云。后世敬仰其成就，以"苏秦背剑"来命名武术定式，十分形象，取其纵横捭阖之意。

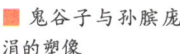
鬼谷子与孙膑庞涓的塑像

为人诚恳正派，便将兵法正道传授予孙膑。孙膑认真学习后，深得真传，才能远超过了庞涓。

弃学下山的庞涓被魏惠王拜为上将军，不忘亲自请师弟孙膑出山，但见孙膑才能过人，心生嫉妒，于是用奸计将孙膑处以膑刑。所幸孙膑被齐使淳于髡救走，由齐国大将军田忌招为幕僚。

后来，孙膑被拜为齐国军师。在桂陵之战中，孙膑计擒庞涓，雪软禁之耻。马陵之战，孙膑计射庞涓，挫败魏军，演绎了一场兵家传奇。孙膑后来留下了著名的兵书《孙膑兵法》，充分体现了鬼谷子的兵法思想。

《鬼谷子》还有个名字叫《捭阖策》，侧重于权谋策略及言谈辩论技巧，由于其中涉及大量谋略问题，对军事问题触类旁通，也被称为兵书。

毫不夸张地说，《鬼谷子》的智慧也就是一部"治人兵法"，它曾对社会尤其是当时纵横家和兵家的理论起过重要的指导作用。

阅读链接

据传说，鬼谷子是村夫庆隆和东海龙女的儿子。庆隆和龙女被东海龙王压在云梦山中，化作了一道山岭和龙泉，但他们的魂魄并未离去，他们想以凡人之体而继续存在，并为后人造福，于是后来龙女就生下了鬼谷子。

鬼谷子因是龙女所生，从小就有许多神奇的法术：会隐形藏体之术，混天移地之法，会脱胎换骨，超脱生死，会撒豆为兵，斩草为马，会揣情摩意，纵横捭阖。总之是个千古奇人，对后世影响甚巨，许多学说都可以在他那里找到渊源。

法家思想大成——《韩非子》

在"战国七雄"争霸的时代,韩国是七雄中比较弱小的一个国家。到了战国晚期,韩国却出了一位非常强大的思想家、哲学家、政论家,他就是法家的代表人物韩非,对当时韩国的社会产生了重要的积极影响。

韩非出身于韩国贵族,与后来成为秦国丞相的李斯一同在儒家大师荀子门下求学。荀子虽然身为儒家,但他的思想中已经包含了法家思想的主要特征之一"人性本恶"。韩非从这点出发,融合商鞅、申不害的法家学说,将刑名法家思想推向顶峰。

韩非所处的年代,正是战国末期社会发生剧烈变化的年代。他眼见国家政治腐败,在强秦进攻面前一再割

韩非画像

申不害（约前385年~前337年），亦称申子，战国时期韩国著名的思想家。他在韩为相19年，使韩国走向国治兵强。作为法家人物，他以"术"著称，是春秋战国时期百家争鸣中的代表人物。《史记》评价他"国治兵强，无侵韩者"。

地受辱，他多次上书韩王，提出"修明法度"等富国强兵的改革建议，可惜不为韩王所采纳。于是，韩非退而著书，写成55篇10余万言的《韩非子》。

《韩非子》共20卷，分为55篇，总字数达10多万言。在体裁上，有论说体、辩难体、问答体、经传体、故事体、解注体、上书体等7种。在内容方面，重点论述"法""术""势""君道"等，用意深刻。其中，以下列5篇最能代表作者思想：

《孤愤》论述韩非对法家变法之志难抒的愤慨。

《说难》论述对君主进谏的困难，反映韩非对君主的心理分析。

《奸劫弑臣》前半部论述奸臣的奸行及治奸之法，后半部反对儒家思想，倡导法家思想治国之道。

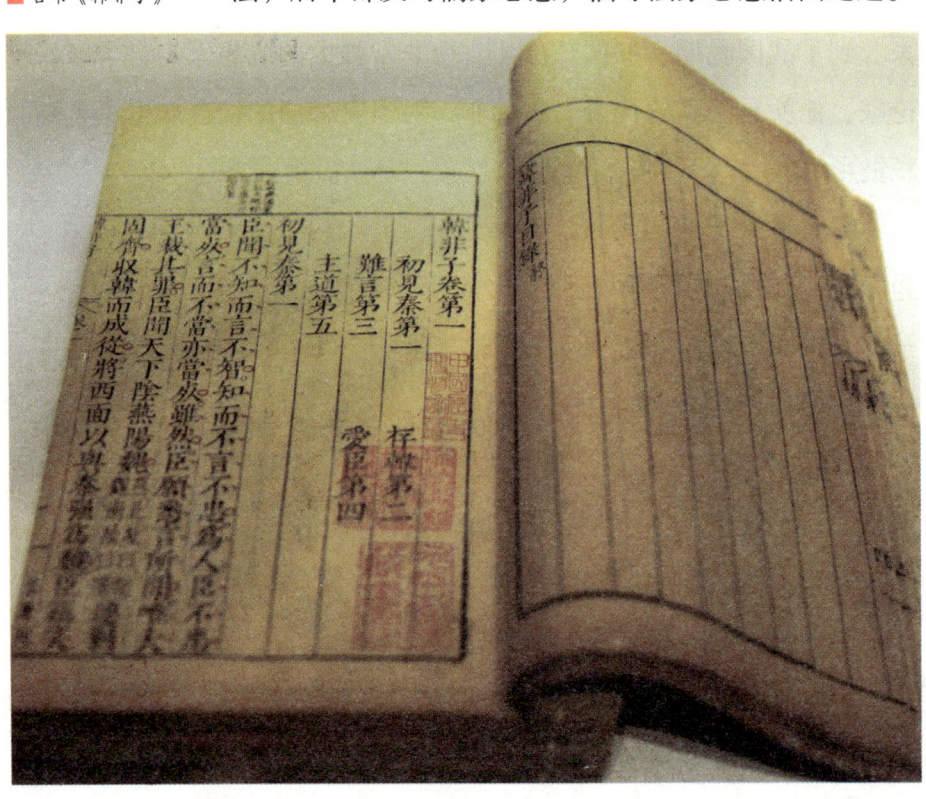

■ 古书《韩非子》

《显学》批判儒家与墨家，阐扬法治，是韩非对法治思想的代表作，也是古代哲学思想的重要史料来源。

《五蠹》中的"五蠹"是指5种蛀虫，比喻在国家内部危害整体的木中之虫。在韩非看来，儒家、纵横家、墨家侠者与侠客、怕被征调作战的人、工商买卖者，是扰乱君王法治的5种人，应除掉他们。本篇亦为历史上公认的《韩非子》代表作。

韩非认为人生来就是好利的，只有"利"才是推动社会发展，促进人群合作的唯一力量，利害关系才是人类唯一的社会关系，趋利避害乃人之常情，也是国家执行赏罚、法令的依据。

■ 《韩非子》

《韩非子》在我国历史上第一个提出"人民众而货财寡"会带来社会问题的观点，具有相当的远见卓识。

《韩非子》还提到了很多关于中央集权的政治思路，比如：

> 事在四方，要在中央。圣人执要，四方来效。

意思是，具体事务应交由各级负责人去执行，而君主应保证中央权力的巩固。只要君主能准确把握全

中央集权 我国古代的政体——封建专制主义中央集权制度。主要特征是皇帝个人专断独裁，集国家最高权力于一身，从决策到行使军、政、财大权都具有独断性和随意性。公元前221年，秦始皇在统一六国后就着手建立，此后，这种政治体制在我国延续了2000多年。

局，那么四方的臣民就会效劳。

《韩非子》还提出了君权问题，主张君王不要放权：

> 使杀生之机，夺予之要在大臣，如是者侵。

意思是说，生杀予夺之权落在臣下手中，如此一来君主就有失势的危机。

书中反对政治治理的原则建构在私人情感联系与当代社会道德水平的提升上，主张将人的自利本性作为社会秩序建立的前提，强调将君主统治权视为一切事物的决策核心，君权是神圣不可侵犯的，君主应当运用严刑峻法和重赏来御臣治民，以建立一个君主集权的封建国家。

后来，《韩非子》传到秦国，秦王嬴政（也就是后来的秦始皇）拍案叫绝，爱不释手。为了得到韩非，嬴政发兵攻打韩国，韩王只好把韩非送到秦国。韩非的思想在秦国丞相李斯手上得到了实施。

韩非吸收了儒、墨、道等诸家的精华观点，所著《韩非子》总结了前期法家的经验，形成了以法治思想为中心的法、术、势相结合的政治思想体系，被称为法家之集大成者。韩非及其著作对我国封建统一事业起到了积极的推动作用。

阅读链接

"螳螂捕蝉"是《韩非子》中的寓言故事：园中有一只知了在树上准备吮吸露水，却不知道有只螳螂正在它的背后，而螳螂却不知道黄雀就在它的后面，黄雀也不知道榆树下面有个拿着弹弓的小孩把皮筋拉得长长的，正在瞄准它。孩子一心想射杀黄雀时，却不知道前面有个深坑，后面还有个树桩子。

这都是贪图眼前利益，而不顾身后隐藏着祸患的表现，它的寓意是：目光短浅的人在追求眼前利益的时候，往往忽视了后面隐藏着的危险。

学术嬗变

两汉争鸣

从春秋战国的百家争鸣到秦代的严刑峻法，日趋完善的法家思想遭到后来帝王将相和知识分子的强烈排斥。到了汉代，政治统御思想出现了许多新变化，成为我国古代政治思想的一个分水岭。

汉初崇尚"黄老思想"，推行"无为而治"，到了汉武帝时，"罢黜百家，独尊儒术"的做法，使得政治思想家们的观念归于统一，最终推动了儒家"大一统"的历史局面。在此原则指导下，无论是盐铁会议之论，还是富国强兵之术，都贯穿着儒家思想的精神。

以道治国的论著——《新语》

在秦末汉初时,有个人叫陆贾,他不但是个有作为的政治家,还是当时著名的文学家和思想家。他跟随汉高祖刘邦,是平定天下的功臣之一。

■陆贾塑像

陆贾能言善辩,刘邦经常安排他作为使者,出使各路诸侯。他曾奉命出使南越,也就是现在两广一带,诏谕赵佗归顺汉王朝。

赵佗原是秦时南海尉,后来自立为南越王。陆贾多次出使南越,成功劝说赵佗废去帝号,恢复了与中原的臣属关系。由于陆贾对沟通南越与中原地区的经济文化交流起到了重要作用,因此深得刘邦信任。

陆贾经常在刘邦面前称赞《诗》

《书》。这让文化程度不高的刘邦很反感,刘邦说:"我们大汉是从马背上靠打仗得来的,这些《诗》《书》没什么用。"

陆贾辩道:"马背上得来的天下,还可以马背上来治理吗?过去,成汤与周武王逆取而顺守天下,文武并用,所以能长久。过去,吴王夫差、智伯都是穷兵黩武,依靠武力治国,所以导致了国家灭亡。秦国依靠严刑峻法来统治国家,所以在赵高的手中灭亡了。如果秦国对百姓仁义,效仿圣人治理国家,陛下怎么能得到这江山?"

■ 赵陀归汉浮雕

刘邦面有惭愧,跟陆贾说:"你试着为我写秦失天下、汉得天下的文章吧,总结国家兴衰成败的经验。"

陆贾为此写了12篇文章。刘邦看过后,表扬文章写得好,很有见地。后来,这些文章合为一本书,书名叫《新语》。

《新语》的核心思想是老庄的"无为"思想。所谓无为,并不是说政府什么都不管,而是要求政府不要肆意妄为,尽量对民间事务少干预。

陆贾认为,政府只要顺应自然法则行事,适时、适度,适可而为,那么什么事情都能做得很好了,而且看起来好像根本没动手。例如,当民间太穷时不要加赋加税,即使加得很少,群众也负担不起;当民间富裕了之后,即使成倍加赋加税,群众也感觉不到。

赵佗(?~前137年),秦代著名将领,南越国创建者。他是开发岭南的第一人,在公元前204年创立了"东西万余里"的南越国,号称"南越武王"或"南越武帝"。以后"赵佗归汉",岭南正式列入汉王朝统一的版图。

《新语》认为秦朝速亡的主要原因是横征暴敛，严刑峻法。《新语》以道家老子思想为外壳，内里是一个带儒家色彩的理想，二者在《新语》的思想体系中毫无矛盾地共存。

在书中，陆贾企图恢复被秦末农民战争破坏了的封建秩序的同时，希望建立一个和谐、美满、幸福的社会。之所以会产生这样的思想，固然与秦汉之际广泛流行的黄老学说有不可分割的关系，更直接的原因是继秦之后，人们普遍要求从暴政中解脱，无为而治恰恰迎合了时代的需要。

《新语》自成书之日起便受到刘邦的重视和喜爱，成为汉初的国家哲学。刘邦之后的"文景之治"，就是在《新语》的政治思想指导下开创的盛世。

陆贾的著作自成一家之言，不仅思想内涵丰富，而且很好地体现了秦汉散文雄伟粗犷的风格。在汉代文学史中占有独特的地位，历来受到人们的关注。

总之，无论是文学史还是思想史著作中，《新语》都是我国历史上一个不可忽视的重要篇章。

阅读链接

刘邦病逝后，吕后掌握大权，大封吕家的子侄为王侯。时任太中大夫的陆贾便托病辞职，把家搬到好畤县，也就是后来的陕西乾县。陆贾变卖家产所得的1000两黄金，均分给5个儿子，每人200两，让他们各自去谋生，并对他们说："今后我将随意闲游，逍遥林下。我和随从到哪家，就由哪家提供食宿。我死在谁家，这车马宝剑等物就归谁家所有。"儿子们答应了，各自去安家谋生。陆贾则乘着马车，带着侍从游山玩水。他玩累了，到任何一个儿子家，儿子都待他很好。

后来，"陆贾分金"这一典故用来形容休官后安排家业，也用来形容长辈为小辈分割财产。

政治哲学著作——《春秋繁露》

西汉初年,有个天资聪颖的少年董仲舒,酷爱学习,读起书来常常忘记吃饭和睡觉。

董仲舒的父亲看儿子废寝忘食地读书,担心他身体受损。为了让孩子能歇歇,他决定在后宅建一座花园,让孩子多到花园散散心、歇歇脑子。

第一年,董父一边派人到南方学习,看人家的花园是怎样建的,一边准备砖瓦木料。头一年动工,园里阳光明媚、绿草如茵、鸟语花香、蜂飞蝶舞。姐姐多次邀请董仲舒到园中玩。他手捧竹简,只是摇头,继续看竹

董仲舒画像

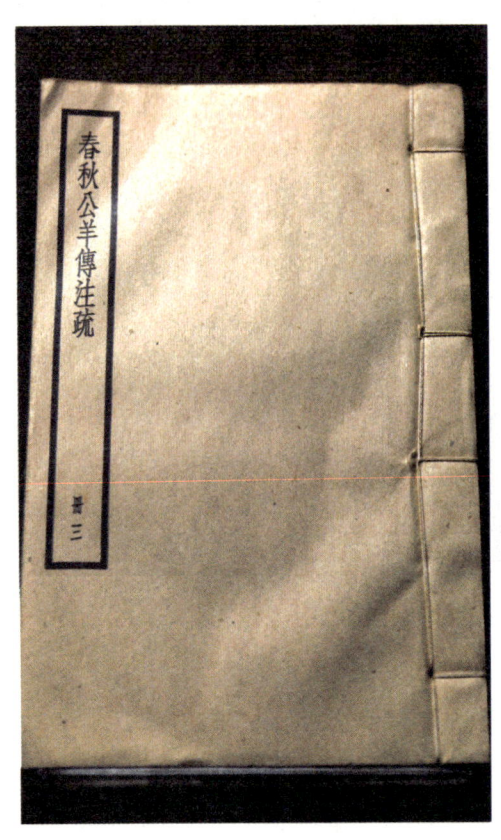

■《春秋公羊传》

简，学孔子的《春秋》，背先生布置的《诗经》。

第二年，小花园建起了假山。邻居、亲戚的孩子纷纷爬到假山上玩。小伙伴们叫他，他动也不动，低着头在竹简上刻写诗文，头都顾不上抬一抬。

第三年，后花园建成了。亲戚朋友携儿带女前来观看，都夸董家花园建得精致。父母叫他去玩，他只是点点头，仍埋头学习。中秋节晚上，董仲舒全家在花园中边吃月饼边赏月，可就是不见董仲舒的踪影。原来董仲舒趁家人赏月之机，又找先生研讨诗文去了。

董仲舒"三年不窥园"，刻苦读书，遍读了儒家、道家、阴阳家、法家等各家书籍。随着年龄的增长，终于成为令人敬仰的大师。他在汉景帝时任博士，讲授《春秋公羊传》。

公元前140年，汉武帝刘彻即位。他命令群臣选出"贤良文学之士"，把他们召集起来，由他亲自考试。在这次考试中，董仲舒很好地解答了汉武帝提出的问题，并由此走上历史舞台。

针对汉武帝的策问，董仲舒连上了3篇策论作答，提出了自己的一系列主张。这就是著名的《天人三策》。

博士 古代官名。秦汉时，博士是掌管书籍文典、通晓史事的官职，后成为学术上专通一经或精通一艺、从事教授生徒的官职。汉武帝时，《易》《书》《诗》《礼》《春秋》每经只有一家，每经置一博士，各以家法教授，故称五经博士。

在第一篇"对策"中，董仲舒针对汉初以来崇尚"黄老之学"中"无为而治"的政策，写了一篇近2000字的"对策"之册，向汉武帝建议实行有为政策，系统地提出了君之道和治理天下的手段，对汉武帝产生了很大的影响。

在第二篇"对策"中，董仲舒建议汉武帝兴办太学，选派明师，宣传和发扬儒家的思想学说。还建议改革吏制，让诸侯、郡守和其他高级官员每年选择两人推荐给皇帝，选得好的官员有赏，选得不好的官员受罚。这样，天下的贤士都可以被发现，都可以为朝廷所用。

董仲舒的两次"对策"层层递进，深入而明确地提出了尊儒兴教、德刑并施的主张，赢得了汉武帝的充分信任。

不久，汉武帝又进行了第三次策问，这次主要是关于天人感应的问题。于是，董仲舒第三次"对策"，不但宣扬了天人感应，还进一步阐述了自己的主张。尤其独特的是，他在文章中明确提出"不在六艺之科、孔子之术者，皆绝其道，勿使并进"。这就是著名的"罢黜百家，独尊儒术"主张。

汉武帝看到董仲舒

汉武帝（前156年～前87年），刘彻，西汉第七位皇帝，杰出的政治家、战略家、诗人。16岁登基。开创察举制选拔人才，颁行"推恩令"，消弱王国势力，并将盐铁和铸币权收归中央。文化上采用了董仲舒的建议，"罢黜百家，独尊儒术"。

董仲舒建言汉武帝

■ 董仲舒写作《春秋公羊传》浮雕

的对策，感到十分惊奇，他终于发现了最适合于自己的治国思想论调。汉武帝由此施行了一系列措施，对当时的社会和历史的发展起到了重大的作用。这一切都源于董仲舒所奠定的思想基础。

董仲舒促成了汉武帝实行尊儒改革后，被任命为江都王的相国，他在这个岗位上做了9年，之后又做了4年胶西王的相国，从此结束了仕途生涯，回到家里埋头著书研学。

董仲舒认真地总结了自己50余年的心得体会，加上对《春秋公羊传》的研究，写成了17卷82篇的《春秋繁露》。

在《春秋繁露》中，董仲舒把"天人感应"的思想融进文章中，认为王者能起到参天地的巨大作用，广大"民""众"也能影响上天。还把"四权"和"三纲五常"在书中归纳了出来，认为君为臣纲、

相国 汉朝廷臣的最高职务。战国时代称为"相邦"。汉高祖刘邦即位后，为避讳改称为相国。后代对担任宰相的官员也敬称相国。明清对于内阁大学士也雅称相国。后来慢慢地变成只有"丞相"一职。

父为子纲、夫为妻纲是上天的意志。在《春秋繁露》中，董仲舒阐说了"三统说"。"三统"从黑统开始，经历白统到赤统，又复归黑统，他认为这是历史的发展规律。

公元前104年，董仲舒病逝，终年75岁。他的墓地在西汉京师长安西郊。

有一次汉武帝经过那儿，特意下马致意。故此，董仲舒的墓地又称为"下马陵"。

董仲舒从一位杰出的学者到皇帝的智囊，从当相国到著书立说，他最终成为西汉著名的思想家、儒学家、哲学家和今文经学大师。他的廉洁正直、刻苦钻研精神，得到了后人的推崇。

董仲舒和他的《春秋繁露》主张大一统、罢黜百家，对当时的社会产生了深远的影响；他首倡独尊儒术，"三纲五常"，对后来的历史发展产生了巨大的影响。从此，儒学开始成为官方哲学，并延续久远。

> **三纲五常** 三纲指君为臣纲，父为子纲，夫为妻纲。五常指仁、义、礼、智、信。三纲理论体现了法家的君本位思想。五常则是指儒家的仁、义、礼、智、信。董仲舒通过上定名分来教化天下，以维护社会的伦理纲常、政治制度。经法家化改造之后的儒家被称为"内法外儒"。

阅读链接

董仲舒曾经讲过一个春秋时期鲁国相国公仪休不与民争利的故事。公仪休身居高位，看到自己家人在纺织布匹，很是气愤，休了自己的妻子。在公馆中吃到葵菜，也很生气，跑到园子中拔掉了葵。他的理由是自己已经吃上国家的俸禄，家人如果自己织布、种菜，那么那些专门织布的妇女、专门种菜的农民就没有了生活来源，等于是抢夺了他们的生计。

董仲舒认为，正确的为政之道是：政府官员享用国家俸禄，就不应经营农业、工业或商业，不应与民争利。这样民众也就有利可图，养家糊口，维持生计了。

抨击时政得失——《潜夫论》

在东汉时期,全国的政治经济文化中心始终围绕着洛阳、长安等中原地区,全国各地的文化学子纷纷奔赴繁华京畿,以求在精英荟萃之地扬名立万,或者是在诸侯王封地周边的文化圈中寻求机会。但也有人独树一帜,这个人就是王符。

王符住在与匈奴、羌人邻近的边远偏僻的甘肃。由于他的才华非同凡响,虽居边地,却与当时天下闻名的经学家马融、文章大家窦章、历法算学家张衡、书法家崔瑗四人相交笃厚。

当时平定羌乱的度辽将军皇甫规是王符的同乡,皇甫规告老还乡,当地官吏来见他,他都不怎么在乎,可是王符来时,他却衣不及带,倒履出迎,同坐极欢。

王符虽有才华名望,但因为是家中庶出,没有舅舅家的支撑,在家乡很受歧视。汉代嫡庶十分严明,庶出不但没有继承权,若是母系来路不清,更是要遭人轻贱。因为王符庶出,当时和后世都说他"无外家"。

王符性格耿直，不苟于俗，外出游宦数年，未获升迁。最终愤而隐居，终生不仕，用毕生的才学著出《潜夫论》，对后世影响较大。

《潜夫论》共36篇，多数是讨论治国安民之术的政论文章，少数涉及哲学问题。他对东汉后期政治社会提出广泛尖锐的批判，涉及政治、经济、社会风俗各个方面，指出其本末倒置、名实相违的黑暗情形，认为这些皆出于"衰世之务"，并引经据典，用历史教训警告当时的统治者。

王符把社会黑暗动乱的根源归之于管理不明，把治理乱世的希望寄托在明君和贤臣身上，希望明君能任贤使能，忠信纳谏，以达致天下太平。他建议采取考功、明选等办法，来改革吏治，反映了当时寒门庶族参政的强烈要求。

王符的政论文中有同情人民、重视人民的思想，他强调"国以民为基，贵以贱为本"。这是对先秦时期"民本"思想的继承和发扬。在经济政策上，他要求重本抑末，重视发展农业生产，爱惜民力，重视对边远地区的防御和建设。他反对谶纬迷信，大量揭露官吏豪强奢侈浪费和迫害人民的罪行。

《潜夫论》篆书

王符于《潜夫论·务本》篇中,提出"为国者,以富民为本"的观点。他认为富民必须使民安心勤事生产。但在社会动乱、劳役繁重、刑罚扰民的情况下,百姓难以正常从事生产,富民就难以指望。

王符还提出要以考绩来检验官吏的能力水平。他的《考绩》篇,专门讨论这个问题。他提出按考功之虚实,就可鉴别官吏之贤奸,还可以促进政治。考核官吏,要求"各居其职,以责其效",即从实际出发,观察名实是否相符。

《潜夫论》中,格外关注教育,一方面要重德化,加强道德社会教育作用,使德政加于民;另一方面又要重礼义,加强学校道德教育的意义,明礼义以为教,只有这样,作为教育的基本作用才可达到。

书中指出,学习要重方法。学习时尽量凭借有效的手段来学习。这犹如再能跑的人也不如乘车快,所以,学习如果忽视了方法,那么虽智力相差不到百倍,而成效则差于万倍。

书中还提到,学习要重互助。而学问是人与人的经验与成效的结晶,非任何一个人所能为,所以学习时要与周围人交换其所知,切忌闭门读书,不相往来。

王符一生的思想精粹全部贯注在他的《潜夫论》里,这部书不显于当世,直到《隋书·经籍志》才被列入了目录,使得天下更多的人了解了这部著作。

阅读链接

相传,王符爱柏如痴,在故乡镇原潜夫山种了360棵柏树。每次新种了柏树,王符必定下荫沟挑水,途中遇到求水者,不论贫富,总是慷慨赠饮。等求水人走后,他再绕路重挑。

传说有一年陇上大旱,土地神化身为白须老翁,几次在王符挑水路上求水,但土地神喝完之后就避开王符。王符担心老翁故意回避自己,便四处呼叫。土地神被王符的善良感动了,上奏给玉皇大帝,天降甘霖解除了旱情。

魏晋之风

品评天下

魏晋时期是我国历史上政治制度比较独特的一个阶段，这个时期的学术思潮和玄学思潮在一定程度上反映了当时一部分知识分子改革、发展和补充儒学的愿望。他们虽然倡导玄学，实际上却在玄谈中不断渗透儒家精神，推崇孔子高于老庄、名教符合自然等思想观念。

这个时期的统御政论文章已经不再局限于思想流派的争辩，而是发展到对政治格局、官员考评及社会民生的讨论方面。但此时的政论文章主要体现在清谈方面，有些脱离实际的虚幻。

政治哲学论著——《申鉴》

东汉末年,有个神童叫荀悦,他自幼聪颖好学,因为家境贫寒买不起书,就到处借阅。借书不能长时间不还,幸亏他过目不忘,看一遍便能全部记住。他看得快,看完还给人家,便能很容易再借到新书。

就这样,荀悦博览群书,12岁时就能讲解《春秋》,年轻的时候,就已经成了非常著名的学者。

当时正处于汉灵帝时期,宦官专权,荀悦不愿出仕,隐居乡野。家人都不理解他,只有堂弟荀彧特别钦佩他。等到东汉著名政治家曹操稳定了北方政局,荀悦便被荀彧推荐到曹操府中工

汉献帝浮雕像

作,后来汉献帝迁都许昌,荀悦被任命为黄门侍郎,累迁至秘书监、侍中。

荀悦的工作主要是陪在汉献帝身旁,为他讲解经史政事,两人天天讨论典籍,荀悦深得汉献帝称赞和信任。

汉献帝因为《汉书》文体繁复难懂,让荀悦用编年体改写。荀悦依据《左传》的体裁,写成《汉纪》30篇,时人称其"辞约事详,论辩多美"。

■ 荀悦画像

荀悦辅佐汉献帝本意是为了匡扶汉室,但当时曹操执掌文武大权,挟天子以令诸侯,荀悦纵有满腹才华,但"谋无所用,乃作《申鉴》"。

《申鉴》全书5卷,包括《政体》《时事》《俗嫌》《杂言》等,都是为了重申历史经验,供皇帝借鉴的。

《申鉴》抨击谶纬符瑞,反对土地兼并,主张为政者要兴农桑,宣文教,立武备,明赏罚。书中对当时名儒董仲舒的"性三品"进行了改造,注入了新的内容,提出了自己不同的观点。

同时,书中又否定了孔孟"上智下愚不移"的观点,对百家中的荀子性恶论和公孙龙本性无善恶之分,对西汉文学家扬雄的善恶混合论也持否定态度,对当时社会上流行的迷信说法,都做了批判。

曹操(155年~220年),字孟德,东汉末年杰出的政治家、军事家、文学家、书法家。他以汉天子的名义征讨四方,统一了中国北方,并实行一系列政策恢复经济生产和社会秩序,奠定了曹魏立国的基础。曹操还开启并繁荣了建安文学,给后人留下了宝贵的精神财富,史称"建安风骨"。

《申鉴》所探讨的上述问题对魏晋玄学有很大影响，尤其是他的人性论为唐代大文学家韩愈所吸收，产生了较深远的影响。

此外，《俗嫌》篇中还有一句著名的帝王立身之言：

不受虚言，不听浮术，
不采华名，不兴伪事。

这句话的意思是：不要听动听的话语，不要相信不切实际的方法，不谋取浮华的名声，不做虚伪的事。这句话在后世被很多帝王作为修身准则。

《申鉴》全书恪守传统儒学，又主张德刑并用，限制兼并，以缓和社会矛盾。书中还极力主张抑制权臣，维护封建等级秩序，以强化皇权，是汉末知识分子政治观点的代表之作。

阅读链接

《申鉴》中记载着这样一个"一孔之见"的故事。从远方飞来了一群鸟，捕鸟人在林中张好了网，飞鸟一落，他把网一收，就捉住了许多鸟。有个过路人发现一只鸟只不过钻一个网眼儿，剩下的许多网眼儿都空着，于是他心想："捕鸟何必用这么大的网呢？一只鸟钻一个网眼儿，剩下的许多网眼儿不就浪费了吗？"于是他回家就用一根绳子做成一个一眼儿的"网"。然后，他高高兴兴地用它去捕鸟。人们问他："这小圈圈是做什么用的？"他理直气壮地说："用这个'网'去捕鸟啊！"结果，他连一只鸟也没捕到。

这个故事的寓意是：一心想走捷径的人，往往事与愿违。

识人品人宝典——《人物志》

早在西汉建立之初,为了适应日益庞大的官僚机构对吏员的需要,汉王朝逐步建立和形成了一套选拔统治人才的选官制度,具体包括皇帝征召、私人荐举等多种方式,但最制度化的是"察举",即由地方或中央各部门长官负责考察和举荐人才,朝廷予以录用为官。曹操便是因察举制度中的"举孝廉",得以20岁入洛阳为官的。

察举各科设置之初,还能体现选贤任能的原则,也的确选拔出不少济世之才。同时极大地促进了讲习儒经的社会风气的形成和教育的发展。但延续到东汉后期,士人为了沽名钓誉,弄虚作假,或者攀附权

《人物志》作者刘劭画像

■ 东汉时期讲坛画像砖

贵，贿赂请托。因而士风日下，察举不实。

尤其是东汉末年，祸乱四起，由官员推荐人才的察举制度早已经漏洞百出，出现了"举秀才，不知书。举孝廉，父别居。寒素清白浊如泥，高第良将怯如鸡"的可笑现象。在这种情况下，由名士品评人物的做法开始出现。

东汉末年著名贤士许劭和他的堂兄许靖，才识谋略过人，在清河岛上开办了一个讲坛"月旦评"，每月初一命题清议，评论乡党，褒贬时政，不虚美，不隐恶，不中伤，能辨人之好坏，能分忠奸善恶，不论在朝或在野人物，都在品评之列。评后验证，大家都非常信服。凡是得到好评的人，无不名声大震。

当时袁绍名播海内，权贵大臣都不放在眼里，唯独畏惧许劭的评价。许劭在曹操年轻时，曾经品藻他是"治世之能臣，乱世之奸雄"，可见眼光之准。

袁绍（？~202年），出身名门望族，自曾祖父起四代有五人位居三公，自己也居三公之上，其家族也因此有"四世三公"之称。在汉末群雄割据的过程中，袁绍先占据冀州，又先后夺青、并二州，并于建安四年击败了割据幽州的军阀公孙瓒，势力达到顶点；但在建安五年的官渡之战中大败于曹操，后病死。

"月旦评"讲坛引得四方名士慕名而来，以能得到"二许"一字之评为荣。后来，"月旦人物"便成为品评人物的一个成语。许氏兄弟利用"月旦评"为时政举荐了不少人才，对当时取士有着很大影响。

到了汉末魏初，社会上对人物品题由对具体人物的评论，发展到对人物才性高下标准的讨论。刘劭的《人物志》便反映了这一思想特点，书中对评论人物才性的原则和标准进行了比较广泛深入的讨论。

魏文帝曹丕称帝前，为了拉拢士族，采纳魏吏部尚书陈群的意见，制定了九品中正制，使其成为魏晋南北朝时期重要的选官制度。《人物志》就是在推行九品中正品评人物、选择人才的大背景下形成的专著，旨在为推行九品中正制在理论上提供依据，在实践上总结经验，以推动这一制度的发展和完善。

《人物志》作者刘劭，官至尚书郎、散骑侍郎，赐爵关内侯。受魏文帝诏，搜集"五经"群书，分门别类，纂为《皇览》。又与议郎庚嶷、荀诜等共同制定律令，作《新律》18篇，著《律略论》。

刘劭糅合了儒家、道家、名家、法家各家学说，在《人物志》中，讲述了鉴定人才之术、量能用人之方及对人性的剖析。探讨了人才选拔的标准原则问题，并且对人性、才能和形质等

九品中正制 又称九品官人法，是魏晋南北朝时期重要的选官制度。此制至西晋渐趋完备，南北朝时又有所变化。它上承两汉察举制，下启隋唐之科举，在我国古代政治制度史上占有十分重要的地位。约存在了400年之久。

■ 魏文帝曹丕

分析甚详，这本书开创了魏晋士大夫品鉴人物的清谈风气，对后世如何观察甄定人物也有一定的借鉴作用。

刘劭认为从人的外形起止，可以观察他的才干和性格。人之筋、骨、血、气、肌与金、木、水、火、土五行相应，而呈显弘毅、文理、贞固、勇敢、通微等特质。此5种特质又分别象征仁、义、礼、智、信"五常"，表现为五德。换言之，自然的血气生命，具体展现为精神、形貌、声色、才具、德行。内在的材质与外在的征象有所联系，呈显为神、精、筋、骨、气、色、仪、容、言等，是为九征，这相当于所谓气质的层次。

依照不同的才性，刘劭将人物分为兼德、兼才、偏才3种。透过德、法、术3个层面，依其偏向，又可分为12才，即清节家、法家、术家、国体、器能、臧否、伎俩、智意、文章、儒学、口辩、雄杰，依其才能不同，适合担任的官职也不同。

刘劭研究人的心理现象，是为了找到这些心理现象产生和发展的规律，并在此基础上建立自己的伦理道德和修养学说以实现人才的政治目标。

阅读链接

魏明帝曹叡太和年间，刘劭任散骑常侍。一日朝堂忽然接到辽东太守公孙渊的计吏报告：孙权授予公孙渊燕王之号。

当时许多文武官员都主张扣留公孙渊的计吏，派兵讨伐。刘劭却认为，公孙渊的先世就效忠汉室，现在听说公孙渊受燕王称号，是虚是实，尚未审知就出兵，不是上策，更何况对于尚未巩固的边远地区，宜采用感化政策而不是派兵讨伐。因此，他建议对公孙渊厚加宽待，使其自新。不久，公孙渊果然斩了孙权的使臣张弥，前来报告。由此，魏明帝及文武官员都十分钦佩刘劭的远见。

政论性圣贤之道——《中论》

东汉末年，外戚与宦官争权，军阀割据，士风沦丧，学子们在动乱中无所适从。时局混乱中，却有个读书人专心学习，不参与政治。他的名字叫徐干。

徐干自幼受家教熏陶。14岁开始读"五经"，废寝忘食，夜以继日，以至于父亲担心他过于勤奋累坏身体，常加以禁阻。20岁之前就已能背诵"五经"，并博览传记。言则成章，操笔成文，后来成为东汉末年的思想家、文学家、教育家。

当时州郡长官仰慕徐干的才名，想要请他出山。但徐干态度轻

徐干塑像

■ 曹丕、曹操和曹植塑像

慢,不愿为官,他过着极其贫寒清苦的生活,却甘之如饴,从不悲愁。

当时已经做了汉丞相的曹操,认为徐干的才华与众不同,特加礼聘,几次要他出来做官。第一次徐干因病推辞,第二次虽然接受了上艾县令的任命,却还是因病未就。后来曹操平定北方,统一全国有望,徐干这才出仕,做了司空军谋祭酒掾属,后来官至五官将文学,主要工作职责就是曹操的文学侍从。

曹操和他的两个儿子曹丕、曹植都爱好文学并喜欢奖励文士,在他们周围汇集了许多文人墨客,形成了以曹氏父子为中心的"建安七子"为代表的作家群。这些人饱读诗书,文辞华美,各具其才,他们共同创造了"建安文学"。

建安文学是我国古代文学史上一个充满理想和激情,富于创造意气和英雄精神的文学时代。当时汇集

掾属 佐治的官吏。人员由主官自选,不由朝廷任命。州、郡、县各级地方机构中长官之下的属吏。魏晋南北朝时期,其设置大致沿袭汉末之制,但在人员编制、名称、职权等方面各朝又有增减变易。各级掾属的选授,一般由地方自置。隋统一以后,改由吏部任免。

邺下的文士不下百余人，曹丕精选7人为代表，徐干排名第四，足见他的才华和品格出众，受世人尊重。

徐干最终还是不能适应内有权臣、外有群雄的政治格局，他无意仕进，辞职归乡，专心致力于学术研究和教授门徒。

徐干教学擅长循循善诱，针对学生特点取长补短，使学生在不知不觉中快速成长。同时，他开始写作政论著作《中论》，其意旨为"阐发义理，原本经训，而归之于圣贤之道"。此书因徐干病故而成未竟之作，现存20篇，共2.1万字。为北宋学者曾巩校馆阁群书时编。

《中论》全书分为上下2卷，从《治学》至《爵禄》这10篇为上卷，《考伪》至《民数》这10篇为下卷。篇目有：治学、法象、脩本、虚道、贵验、贵言、艺纪、覈辨、智行、爵禄、考伪、谴交、历数、论夭寿、务本、审大臣、慎所从、亡国、赏罚、民数。

建安七子 也称"邺下七子"。是东汉献帝建安年间7位文学家的合称，包括：孔融、陈琳、王粲、徐干、阮瑀、应玚、刘桢。这7人大体上代表了建安时期除曹氏父子外的优秀作者，他们对于诗、赋、散文的发展都曾做出过很大的贡献。

■ 建安七子

徐干以儒家圣道为本，杂取百家，一一批驳，大至国家之乱、君臣之道、礼仪道德、天文历学，小到个人修身、为人处世。其《中论》是一部现实性很强的议论性著作是针对当时文人崇尚华丽辞藻，而不注重阐发大义、弘扬圣贤之道和传播教化的陋风而作，目的是"上求圣人之中，下救流俗之昏"。

徐干继承儒家重学的传统观念，调理人的精神、思维、情感和本性等方面都有重要作用。学习就像照亮内心的太阳，可以启蒙开智。

徐干对东汉后期朝政废弛、道德沦丧以至学风败坏的现象进行了揭露和批判。他指出，由于是非混淆、黑白颠倒，致使士人离开故土，四方交游。不修德行道艺，而是夸夸其谈，矫饰其行，沽名钓誉，致使拜师交友只为结党营私，互相吹捧、提携。

《中论》力图以儒家思想为指导，矫正时弊，重建理想的社会政治制度。有关教育方面的论述，也是在阐明圣贤治学之道的同时，批判当时的不良学风和士风。清代学者龚自珍说："徐干《中论》，论儒者之蔽，既见要害，击而中之。"这是该书的一个显著特点。

阅读链接

东汉末年，大多数知识分子不得不在政治旋涡中沉浮。"建安七子"中除了徐干，排名第二的陈琳在汉灵帝时做过大将军、国舅何进的主簿。当时，宦官擅权，何进欲诛宦官，何太后坚决反对，何进欲召集地方豪强，引兵来京城咸阳，以此恫吓、劫持太后。陈琳清醒地看出引狼入室的恶果，可惜力谏不成，最终何进导致董卓之乱，造成国家长期分裂和战乱。

何进去世后，陈琳一度避难依附于地方军阀袁绍，后来又归附曹操。担任与徐干类似的官职司空军谋祭酒，为曹操统一北方的大业做出了贡献，但是学术成就终究无法与徐干相比。

鉴古论今

隋唐论政

隋唐时期,由于国家统一,南北儒学逐渐融合。秦汉的黄老之学和魏晋的玄学已成过去,取而代之的是励精图治的现实政治主张、社会批判思想、儒家的礼治伦理思想和佛、道的宗教思想。

这一时期的政治思想,儒家占据主导地位,但这并没有妨碍其他各种思潮流派的光芒和传播。比如,王通的《中说》、李世民的《帝范》、武则天的《臣轨》、吴兢的《贞观政要》、赵蕤的《长短经》等,他们从各自不同的角度,阐释了统御之道,产生了深远影响。

理学教育先驱——《中说》

王通画像

隋代时有个儒学大师叫王通，15岁时就开始从事教学活动，18岁时游历四方，后来面见隋文帝，呈上《太平十二策》，主张"尊王道，推霸略，稽古验今，运天下于指掌"，深得隋文帝赞赏，被召之为官。

后来，王通辞官归乡，一心将兴王道的志向付诸著述《六经》和聚徒讲学的文化教育事业上去。他决心以古代隐逸贤才为榜样，"退而求诸野"，以著述和教学来为弘扬儒学做贡献。

王通前后用了9年的时间著成了《续六经》，也称《王氏六经》，包括《续诗》《续书》《礼论》《乐经》《易赞》《元经》等，共80卷。

《续六经》完成后，王通名声大噪，求学者纷至沓来，盛况空前，有"河汾门下"之称。不仅弟子多达千余人，他还结交了许多朋友和名流，其中学生薛收、温彦博、杜淹等，友人房玄龄、魏徵、王珪、杜如晦、李靖、陈叔达等，都是隋唐历史舞台上的主要角色。

■ 李靖塑像

王通教学，分门授受，他的学生窦威、贾琼、姚义授受《礼》，温彦博、杜如晦、陈叔达授受《乐》，杜淹、房乔、魏徵授受《书》，李靖、薛方士、裴晞、王珪授受《诗》，叔恬授受《元经》，董常、仇璋、薛收、程元授受《六经》之义。通过"通学"和"兼学"两种形式，培养出一大批各门类人才，为社会的稳定发展和学术的繁荣提供了新鲜的儒学理论。

王通去世后，学生们私下为他上谥号为"文中子"。为了纪念他，同时弘扬他在儒学发展中所做

李靖（571年~649年），隋末唐初将领，是唐代文武兼备的著名军事家。后封卫国公，世称李卫公。李靖善于用兵，长于谋略，原为隋将，后效力李唐，南平萧铣、辅公祐，北灭东突厥，西破吐谷浑，为唐王朝的建立与发展立下赫赫战功。

■ 隋代时期的石刻

儒学 又称儒家、儒家学说，或称为儒教，是我国古代最有影响的学派。儒家并非通常意义上的学术或学派，它是中华法系的法理基础，对我国以及东方文明产生过重大影响并持续至今的意识形态，儒家思想是东亚地区的基本文化信仰。儒家最初指的是冠婚丧祭时的司仪，自春秋起указ由孔子创立的后来逐步发展以"仁"为核心的思想体系。

的贡献，众弟子模仿孔子门徒作《论语》而编《中说》一书，又称《文中子中说》《文中子》。王通的《续六经》在唐代失传，只有《中说》流传下来。

《中说》用讲授记录的形式保存下王通讲课时的主要内容，以及与众弟子、学友、时人的对话，共为10个部分，是后人研究王通思想以及隋唐政治思想发展的主要依据和参考。其中包括了王道篇、天地篇、事君篇、周公篇、问易篇、礼乐篇、述史篇、魏相篇、立命篇和关朗篇等。

《中说》虽在形式上仿效《论语》，在内容上却有所创新，并有明显的时代特点。

首先，王通以昌明王道、振兴儒学为教育的根本目的。认为一个国家的兴衰要依靠各种人才，而人才的养成必经学校的培养，有了合格的人才，王道才能倡明，儒学才能振兴。

王通处于儒、佛、道三教争衡碰撞的思想动荡时期，传统儒学教育的正统地位受到严重威胁，而且儒家思想本身也出现陈旧和僵化的现象。为了振兴和发展儒学，王通认为一味排斥佛道并非良策，而应探索一条融合三教的合理途径。

王通明确提出了"三教可一"的主张，以积极的态度吸收佛道思想及方法之长，为儒学的改造和发展提供有益的养料。

王通在一生为振兴儒学奋斗的同时，非常重视道德伦理方面的建设，尤其重视道德修养问题，并提出了有关的原则和方法。

他首先说明了"人心"与"道心"的矛盾，以及如何防止"人心"泛滥和"道心"扩充的问题。在他看来，人的道心即人类性善的本源，由此善性便可派生"仁、义、理、智、信"五常。

此外，王通还主张"正心""诚""静""诫""敬慎""闻过""思过""寡言""无辨""无争"等。

一方面，王通在儒学讨论的传统问题上加以强调与发展的，如主张"正心""诚""闻过"等。

另一方面，又吸收了老庄、佛释的某些思想，主张"无辨""无争""寡言""静""诫"，使传统的儒学道德修养的理论更加丰富。

除了一般道德修养的问题之外，义利关系这个自孟子以来长期争论的问题也受到王通的关注。在他看来，仁义道德是与功利私欲相对立的。在《中说》中，他从多方面、多角度探讨了仁义道德与功利私欲的关系，突出表现了他要存道义、去私利的主张，以及卫道精神。尽管魏晋

> **义利关系** 也称义利之辨。指道德行为与物质利益的关系。作为我国古代关于道德行为与物质利益的关系问题的争辨。义，指思想行为符合一定的道德标准；利，指利益、功利。

■ 隋代时期的服饰

以来，名教衰落，但王通对儒学及道德伦常的复兴颇有信心，打算放弃世人的观点，"取其所弃"。

王通针对魏晋以来士风的腐败和道德的沦丧，斥责和讥讽那些只知"聚财"，不知"聚德"的豪门贵族和"靡衣鲜食之士"，赞扬了那些"重道义，轻王侯"，能"恶衣薄食，多思寡欲"的君子。

虽然从王通讲学和著述的形式上看，是简单地恢复和振兴传统儒学，但这一恢复和振兴的对象并非汉魏儒学，而是孔孟等儒学始祖，要从传统儒家的经典中寻找出适合当时社会政治需求的，能与佛道思想影响相抗衡的内容。因此，王通的努力就是唐代儒学改革的滥觞，是宋代理学的先驱。

著名的启蒙读物《三字经》把王通列为诸子百家的五子之一："五子者，有荀扬，文中子，及老庄。"排序仅次于儒学大家荀子和扬雄，到了宋代，理学中道学学派的创始人之一程颐曾盛赞王通，并认为他超过荀子和扬雄。

阅读链接

我国成语博大精深，其中"白首北面"是关于尊师重道的最著名的成语之一。古代以南面为尊，北面为卑，学生要站在北面，向南面坐着的师长行礼，意为敬师之礼。"白首北面"除了尊师之外，也有活到老学到老的含义。

这个成语故事的出处就是《文中子·立命》："夫子十五为人师焉，陈留王孝逸先达之傲者也，然白首北面岂以年乎？"意思是：王通15岁开始从事教育，连陈留王孝逸这样有身份有地位的人都以他为师。做人要活到老学到老，师长和弟子只以学业为尊，不以年龄而论。

为君之道的文献——《帝范》

在唐代时,唐太宗李世民早年率部征战天下,为大唐统一立下汗马功劳,他登基后,开创了著名的"贞观之治",对外开疆拓土,对内虚心纳谏,厉行俭约,轻徭薄赋,使百姓休养生息,各民族融洽相处,国泰民安。李世民一生文治武功,被当作后世明君的典范。

李世民的发妻长孙皇后有3个儿子,她去世后,李世民的嫡长子太子李承乾和嫡次子魏王李泰为争夺皇位继承权,发生了政变,李世民伤心之下,废黜了这两个儿子,立嫡三子晋王李治为太子。

李治性格柔善,唐太宗和

唐太宗李世民画像

《十八学士图》

大臣们都对这个太子的能力很不放心。于是李世民在去世之前,根据自己的从政经验,亲自撰写了一本《帝范》,作为示范样本传给李治。

《帝范》共12篇,分为君体、建亲、求贤、审官、纳谏、去谗、诫盈、崇俭、赏罚、务农、阅武、崇文。

李世民在《帝范》中说,君王最重要的是气度,要有胸怀天下的志向,才能干出一番事业。而作为君主,更要有包容宇宙、吞吐万物的胸怀。要让群臣敬畏,靠的便是德行深厚,稳如山岳。如果轻薄无行,小肚鸡肠,大家自然不将你放在眼里。

一个人心中如果常有愤怒,便无法公正。心中有忧愁,心中有恐惧,都没有办法做到至公至正。只有完全摒弃个人的喜怒忧惧,以天下忧为己忧,以天下利为己利,才能如山岳般平静,如深渊般难测。

在李世民看来,一个国家管理者,重要的是为官择人,而非因人设官。能工巧匠使用木料是一种智慧,但凡直的木料,要用来做车辕,曲的木料还可以做车轮。总而言之,都可以做到物尽其用,毫不浪费。

聪明的君主选用人才便和木匠用料是一个道理,才智之士使用其谋略,愚笨之人则用其蛮勇,武勇之人发扬其威势,胆怯之人则任用其谨慎。在好木匠的眼中，没有哪件材料是废品；在贤君的心里，没有不可任用的人才，只有放错了地方的人才。

《帝范》还指出，治国大计，应该尽力消除浮糜奢华的不良风气，劝勉督促人们专心致志地从事耕种和纺织。只有铲除了由工商之业而产生的浮华恶习，才能使百姓重新回到重视农业的根本之路，社会风俗也才会重新变得淳朴起来。

如果人人都怀有仁义之心，也就永远断绝了商贾小人贪财好利的后路。果真如此，也就抓住了务农的根本。用严威去抑制势利之人，用仁惠去抚爱忠直之士，这是制驭风俗、掌握天下的关键与核心。

身为人君，应视民如子，但统领之术仍不出恩威两种。既然百姓之中有行善的，也有作恶的，就应该以严威和仁惠分别对待。施仁惠可以使人们做善事，也可以使风俗变纯正，恩泽所及，人们就如同在严冬沐浴在春阳之中一样感到温暖。树立威严可以使坏人恐惧，也可以使普天之下的臣民变得像车辕之中的牛马一般驯服。坏人如常感脚踏刀刃头顶雷霆，就再也不敢为非作歹了！

因此，只有恩威互用，才能使百姓行有所依，做有所据。如两者使用不当，

商贾 古代称行走贩卖货物为商，住着出售货物为贾。二字连用，泛指做买卖的人。春秋时期商人的地位有所提高。汉、魏、晋以及南北朝时期，商贾们在恶劣的环境中艰难跋涉。唐宋商贾渐渐地活跃起来。明清以来，商贾势力获得了较大发展。

■ 繁华的唐代集市景象

则可能持政不公，规矩失度。恩威之术，一为刚，一为柔，也只有将两者兼顾起来，宽以济猛，猛以济宽，才会创造出政通人和的良好局面。君王的声望一旦树立，那么制定了刑法之后，人们就不敢去违犯了。天子要想使自己取信于民，还必须要做到令行禁止，言必信，行必果。

最后，李世民总结说："如果崇尚美德，并且广泛施德，则帝业安泰，自身也安全；如果肆意任情做错误的事情，那么帝业将倾塌，自身也容易丧命。国家基业往往都是成得慢败得快，帝位得之不易，不能不去珍惜！不能不慎重！"

《帝范》一书是李世民一生执政经验的高度浓缩。行文虽短，但文辞有力而优美，展现出一代英主对人生和世界的感悟，也是一个马上争天下、马下治天下的开国君主一生经验的总结。

文中充满哲理性的语言，或一语中的，或一语道破天机。不但有着高瞻远瞩的视野，也隐含着论理的深邃透彻。一些非凡的至理名言自非常人可以谈说，只能出自像唐太宗这样的伟人之口。《帝范》的许多思想有着非常重要的借鉴作用，经得起时间的考验。

阅读链接

李世民为李治留下的《帝范》，李治是否认真学习过，不得而知，但李世民身边的另一个帝王却把李世民的执政精髓发扬光大。这个人就是李世民的才人，兼御书房侍女武则天。

李治去世后，武则天成为我国历史上唯一的女皇帝。武则天善于治国、重视延揽人才，首创科举考试的"殿试"制度，而且知人善任，重用贤臣。她主政期间，政策稳当、兵略妥善、文化复兴、百姓富裕，故有"贞观遗风"的美誉，亦为其孙唐玄宗的开元之治打下了长治久安的基础。

君臣论政——《贞观政要》

那是在唐太宗李世民时期，有个谏议大夫叫魏徵，敢于犯颜直谏，即使唐太宗在大怒之际，他也从不退让，唐太宗有时对他也会产生敬畏之心。

有一次，唐太宗想要去秦岭山中打猎取乐，行装都已准备停当，但迟迟未能成行。后来，魏徵问及此事，唐太宗笑着答道："当初确有这个想法，但害怕你又要直言进谏，所以很快又打消了这个念头。"

还有一次，唐太宗得到一只雄健俊逸的鹞子，他让鹞子在自己的手臂上跳来跳去，赏玩得高兴，但当他看

魏徵塑像

■魏徵画像

见魏徵远远地向他走来时,唐太宗怕魏徵提意见,回避不及,赶紧把鹞子藏到怀里。魏徵故意奏事很久,致使鹞子闷死在怀中。

还有一次,魏徵在上朝的时候,跟唐太宗争得面红耳赤。唐太宗实在听不下去,想要发作,又怕在大臣面前有损自己善于接受意见的好名声,只好勉强忍住。退朝以后,他憋了一肚子气回到内宫,见了长孙皇后,气冲冲地说:"总有一天,我要杀死这个乡巴佬!"

长孙皇后很少见丈夫发那么大的火,便问他说:"不知道陛下想杀哪一个?"唐太宗说:"还不是那个魏徵!他总是当着大家的面侮辱我,叫我实在忍受不了!"

长孙皇后听了,一声不吭,回到自己的内室,换了一套朝见的礼服,向唐太宗下拜。唐太宗惊奇地问道:"你这是干什么?"

长孙皇后说:"我听说英明的天子才有正直的大臣,现在魏徵这样正直,正说明陛下的英明,我怎么能不向陛下祝贺呢!"这番话就像一盆凉水,把唐太宗满腔的怒火浇灭了。

643年,直言敢谏的魏徵病故了。唐太宗很难过,他流着眼泪说:"一个人用铜做镜子,可以照见衣帽是不是穿戴得端正;用历史做镜子,可以看到国家兴亡的原因;用人做镜子,可以发现自己做得对不对。魏徵一死,我就少了一面好镜子。"

上面的这些故事，记录在唐代史学家吴兢所著的政论性史书《贞观政要》中。吴兢从武则天到唐玄宗期间，长期担任史官，著述丰富，编著有《乐府古体要解》《唐春秋》《唐书备阙记》《太宗勋史》《睿宗实录》《中宗实录》《贞观政要》《则天实录》《唐高宗实录》等，可惜只有《贞观政要》传于后世。

《贞观政要》写作于开元、天宝之际。当时的社会仍呈现着兴旺的景象，但社会危机已露端倪，对政治颇为敏感的吴兢已感受到衰颓的趋势。为了保证唐王朝的长治久安，他深感有必要总结唐太宗君臣相得、励精图治的成功经验，为当时的帝王树立起施政的楷模。

《贞观政要》正是基于这样一个政治目的而写成的，所以它一直以其治国安民的重大参考价值而得到历代的珍视。

《贞观政要》系"随事载录"而成，以君道、政体、任贤、纳谏、君臣鉴戒等为篇目，分别采录了唐朝贞观年间唐太宗及身边大臣如魏徵、王珪、房玄龄等45人的政论、奏疏以及重大施政措施等，主要内容包括治国方针、选贤任能、精简机构、申明法制、崇尚儒术、评论历史得失等方面，同时强调统治者的自身修养，如敬贤纳谏、谦逊谨慎、防止奢惰等。

书中内容广泛，涉及政治、经济、军事、文化、社会、思想、生活等方方面面，尤以讨论君臣关系、君民关系、求谏纳谏、任贤使能、恭俭节用、居安思

天宝（742年~756年），是唐玄宗李隆基继开元之后使用的年号。天宝三载正月改"年"为"载"。唐玄宗改开元为天宝的原因是认为一生中的大事都已经办完，想要开始享受成果；唐玄宗的同辈兄弟于开元年间去世两人，为了避晦气，改元天宝。

长孙皇后（601年~636年），唐太宗李世民的皇后，史上著名贤后之一。善于借古喻今，匡正李世民为政的失误，并保护忠正得力的大臣。谥号文德皇后。13岁时嫁给16岁的李世民。先后为李世民诞下三子四女，幼子为唐高宗李治。

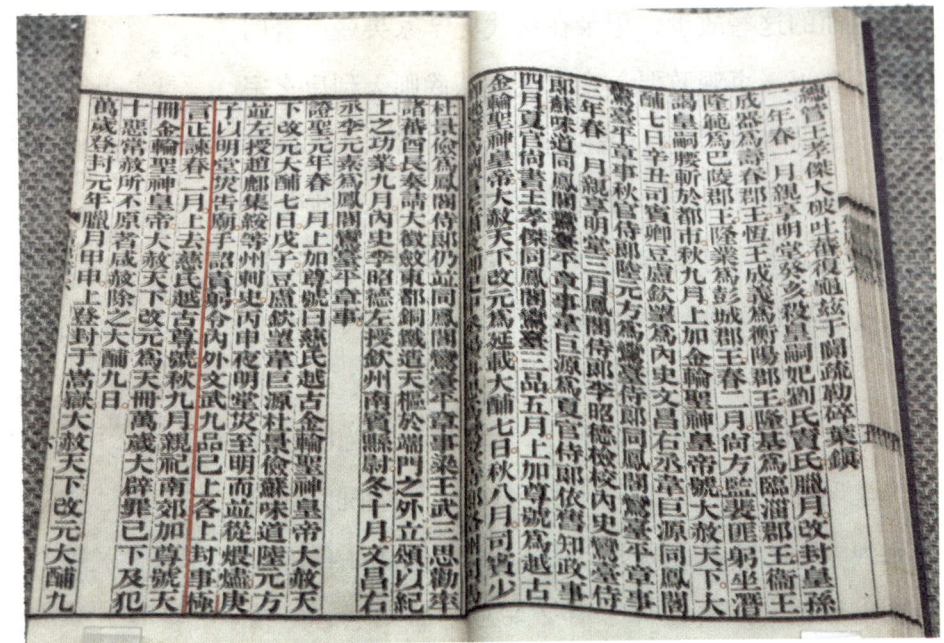

■《唐书则天皇后纪》

王珪（571年~639年），隋末唐初祁县人，即现在的眉县马家镇车圈村王家台，出身于世代官宦之家。唐初为太子舍人，是李建成的心腹。"玄武门之变"后，召拜谏议大夫，迁黄门侍郎、兼太子右庶子。与房玄龄、魏徵、杜如晦等齐名，人称"唐初四大名相"。卒赠吏部尚书。

危为其重点。书中总结唐太宗时代的政治得失，希望后来君主以为借鉴。

由于叙事翔实，文字明畅，论述的又是统御之道，因此晚唐以后受到历代治国者的重视。

《贞观政要》虽记载史实，但不按时间顺序组织全书，而是从总结唐太宗治国施政的经验，告诫后世皇帝的意图出发，将君臣问答、奏疏、方略等材料，按照为君之道、任贤纳谏、君臣鉴戒、道德伦理、正身修德、崇尚儒术、固本宽刑、征伐安边、善始慎终等一系列专题内容归类排列，使这部著作既有史实，又有很强的政论色彩；既是唐太宗贞观之治的历史记录，又蕴含着丰富的治国安民的政治观点和成功的施政经验。

书中所记述的封建政治问题是全面而详备的。吴兢把君主作为封建政权的关键，他在开卷的《君道》

中，首先探讨了为君之道。他列举唐太宗的言论说明：要想当好君主，必先安定百姓，要想安定天下，必须先正自身。

把安民与修养自身当作为君的两个要素，对于君主的个人修养，他以唐太宗为例，说明清心寡欲和虚心纳谏是相当重要的。做到这两点，是唐太宗成功的关键，从历代统治者的施政实践上看，这两点对于政权安危具有普遍意义。

在书中，吴兢还重点记述了人才使用问题。书中介绍了唐太宗知人善任、任人唯贤的事迹。唐太宗对用人有较深刻的认识，他一再强调"为政之要，唯在得人"。对于人才，他提出了必须具有高尚品德，能够克己恭俭、正直廉洁等要求。

为此，唐太宗不但采取了一系列选拔人才的措施，而且非常重视对官员的考核和赏罚。通过唐太宗的努力，一批人才集中于初唐政坛，这是问题的一个方面。另一方面，大批人才的出现，也在巩固政权、组织民众生产、安定民众生活方面发挥了重大作用。

正是君明臣贤、上下一心，才促成了"贞观之治"的出现。

吴兢在此同意魏徵的观点："大厦云构，非一木之枝；帝王之功，非一士之略。"知贤用贤一直是古代政治家非常重视的问题，唐太宗君臣相得的实践，为此

大唐谋士房玄龄画像

提供了一个成功的佐证。《贞观政要》对此的记述,则把这一问题的讨论引向深入。

吴兢在书中还对唐太宗朝政的方针进行了归纳和概述,其中做得成功的有偃武修文、崇尚儒学、加强礼治、执法宽弛、休养生息、安定民众、采取怀柔政策、安抚边民,等等。

唐太宗在兵戈扰攘之后,把自己的简静无为推广为对天下民众实行轻徭薄赋、休养生息的政策,很快收到了良好的效果。贞观后期,天下丰足,可以上比汉初的文景盛况。

对此,历代统治者都心驰神往,可通过努力把它变为现实却是相当大的难题,《贞观政要》对此的记述,很有理论指导意义。

《贞观政要》是一部独具特色、富有启发性的历史著作。既有史实,又有很强的政论色彩;既是唐太宗贞观之治的历史记录,又蕴含着丰富的治国安民的政治观点和成功的施政经验。

《贞观政要》是现存记载太宗朝代历史较早的一部史书,在史料学方面具有重要价值。

阅读链接

《贞观政要》中记录了王珪与唐太宗的一段故事。唐太宗时,王珪与房玄龄、李靖、温彦博、戴胄、魏徵共同辅佐国政。唐太宗问王珪:"你善于品鉴人物,为我评论一下你们的才能品质。"

王珪回答说:"要论一心为国操劳,知无不为,我不如玄龄;才兼文武,出将入相,我不如李靖;敷奏详明,出纳公允,我不如彦博;治理烦琐紧要的政务,我不如戴胄;以谏诤为心,耻君不及尧、舜,我不如魏徵。至于洁浊扬清,疾恶好善,我比他们有一日之长。"唐太宗连连称善。房玄龄等人知道后,都深以为然。

天鉴风云

宋明政见

在宋代，封建地主阶级中一些思想家，如苏洵、范祖禹和真德秀等，将传统的儒学与当时流行的佛、道结合起来，形成了更富有理性思辨色彩的政治哲学，即宋代理学。宋代思想家大多谈理说性，其主要范畴有理、气、义、利、心、情、阴阳、太极等。

宋代理学对后世产生了深远影响，尤其是在明代，以程朱理学为主要内容思想，皇帝的集权措施也大大加强。明代张居正、李贽、焦竑等人，以自己的理论著述，从各自不同的角度阐释了帝王统御之道。

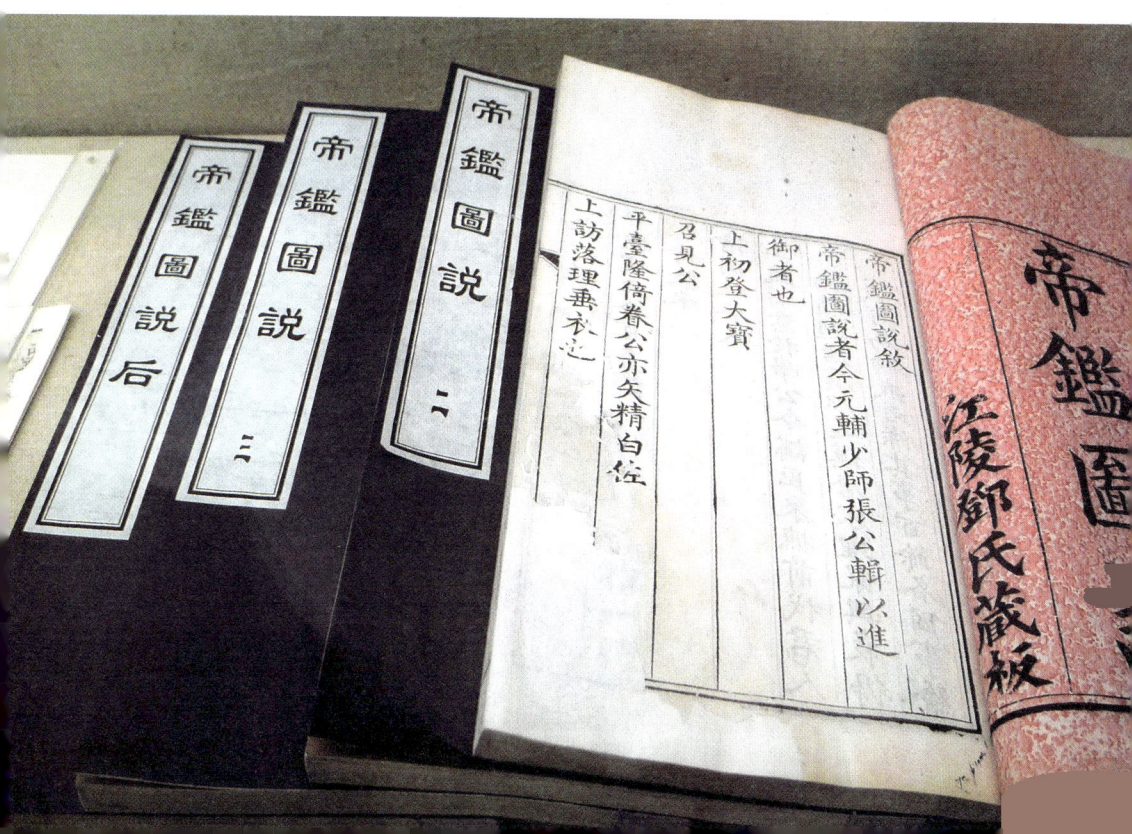

兵法权谋论著——《权书》

北宋年间，"唐宋八大家"中的苏轼、苏辙和苏洵被称为"三苏"，苏洵是苏轼和苏辙的父亲。著名文学家苏轼和弟弟苏辙20岁左右同科中举，而他们的父亲苏洵却游荡到27岁才开始发愤读书。但在这以后的十多年间，苏洵写了《几策》《权书》《衡论》《六经论》《洪范论》《史论》等一系列重要著作，成为蜀中名闻遐迩的学者和散文家。

苏轼兄弟中举那年，苏洵跟着儿子一道来到汴京（就是后来的开封），拜见了当时的文坛领袖欧阳修。

苏洵彩像

■ 苏洵发愤读书图

欧阳修对苏洵的文章大加激赏，并将其《几策》2篇、《权书》10篇、《衡论》10篇献于朝廷。消息传出，士人争相传诵、模仿其文，一时名动京师，使当时文风为之一变。

苏洵在京城时，当朝的宰相韩琦曾和他一起谈论天下大事，韩琦认为即使汉代的贾谊也无法超过苏洵。苏洵曾给韩琦提了很多重要建议，但韩琦没有采纳，后来他懊悔不已。

苏洵屡试不第，除晚年做过短期小官外，平生未曾深涉仕途。但他是一位极其关心国家命运、留意政治的人，他一生著述以策论、史论、兵法为主题，以切合实用为目标，字里行间都寄托着他的人生追求，希望当政者能有所革新，使国家走向富强，从而实现他的抱负和理想。

唐宋八大家 唐宋时期八大散文作家的合称。即唐代的韩愈、柳宗元和宋代的苏洵、苏轼、苏辙、欧阳修、王安石、曾巩。唐宋八大家乃主持唐宋古文运动的中心人物，他们提倡散文，反对骈文，给予当时和后世的文坛以深远的影响。

■ 古代士子科举图

黄帝（前2717年~前2599年），华夏上古传说时代一位著名的部落联盟首领，是我国远古时代华夏民族的共主，"五帝"之首。黄帝在位期间，播百谷草木，大力发展生产，始制衣冠、建舟车、制音律、创医学等。被尊为中华"人文初祖"。

在苏洵轰动京城的作品中，《权书》不仅在苏洵的全部著作中占有重要地位，而且也是我国古代论述兵法和权谋的一部重要著作。它集治道、兵法、史论为一体，具有广泛而深厚的思想内容。

在《权书》10篇之中，有不少迥异于古人、超绝于时俗的崭新的见解，比如在书前序言中，一开头的言词就表现出苏洵与普通知识分子的不同。他驳斥信奉儒家学说的人不谈论兵法，迷信仁爱正义的军队，不必讲究战略战术就自然会取得胜利。

苏洵认为，假如仁爱正义的军队果真不讲究战略战术就自然会取得胜利的话，那么周武王为什么还要用姜太公的计谋策略呢？而且在牧野之战中，周武王率仁义之师还要经多次战斗，最后才能获胜而停止战争，这里如果用的不是正确的战略战术，又是什么呢？这在当时是惊世骇俗的言论，为学子所不敢言。

在《权书》的《心术篇》中，苏洵提出，只有正义才可以激发士兵，士兵出于正义而发怒，就可以百战不殆。因而要想让士兵保持不懈的斗志，就应当使他们在胸中经常聚积着对敌人的愤怒，这就是黄帝打了70场，而士兵仍不厌倦的原因。

在《孙武篇》中，苏洵从理论与实践相统一的观点出发，将孙武与吴起做了比较，指出孙武的书语言精练而意思详尽，天下所有的兵法理论都可在其中找到本源，但他带兵打仗却不能每战必胜，甚至最后遭到了失败的结局。

而吴起的书虽然还不及孙武，但他是一位常胜将军，所到之处都能取得成功。所以说书上的理论是不能完全相信的，更何况那些只会背诵《孙子兵法》教条的人，怎么可以让他们来带兵打仗呢？

又如，苏洵在《六国篇》中说，六国的灭亡，不是因为军队不强、作战失利，弊病在于拿土地贿赂秦国。贿赂秦国，自己的力量就会削弱，这是一条亡国的道路。奉送给秦国的土地越多，受到的侵略就越厉害。在这里，苏洵深刻地指出：假使像我们这样的大国，却重蹈六国灭亡的覆辙，情况会比当年六国更差。

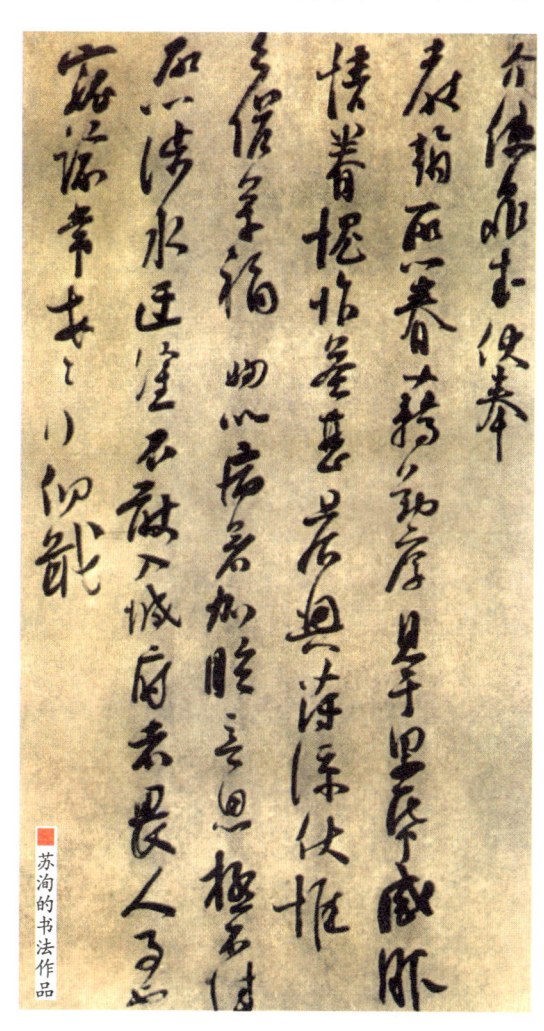

苏洵的书法作品

在《项籍篇》中，苏洵认为项羽有夺取天下的才能，而没有夺取天下的谋略；曹操有夺取天下的谋略，而没有夺取天下的度量；刘备有夺取天下的度量，而没有夺取天下的才能。从巨鹿之战中就可以看出项羽的谋略缺乏远见，度量不够宽大，因此不必对他死在垓下感到奇怪。诸葛亮放弃荆州到西蜀去，从这个行动，可以看出他不可能统一天下。

苏洵的这类观点，放在那时的社会条件下来看，确实是标新立异的思想。如果当政者能够认真对待，就会有振聋发聩之效。但那时的现实却是理学方兴，政治保守，对敌妥协，但求苟安。在这样的环境中，苏洵的这种带有离经叛道色彩的思想是不可能得到当政者青睐的，何况他有些文章确有借题发挥，以古喻今，指桑骂槐的嫌疑。

《权书》中很多名篇，如《六国》等，议论纵横，气势磅礴，堪称千古文章之楷模，为历代文人学士所传诵，具有很高的文学价值。此外，像《法制》《强弱》《攻守》等篇对具体战略战术的论述，其中有许多即使在后世看来，仍然是很有价值的见解，应为学习、研究兵法和谋略的人所重视。

阅读链接

苏洵在汴京时，当时的宰相韩琦曾和他一起谈论天下大事，韩琦认为即使汉的贾谊也无法超过他。宋仁宗驾崩后，当初皇陵建得比较简陋。韩琦后来任大礼使，要厚葬宋仁宗，于是紧急调拨大批人力物力建陵寝，弄得州县骚动不安。苏洵多次给韩琦写信，加以劝谏，并用这个典故责备韩琦。韩琦看后，对自己做得过分的地方做了改正和调整。

后来苏洵去世时，韩琦感到十分内疚和悔恨，除了写诗哭悼苏洵，并说："我对您的理解太晚了，没有人比我更感到惭愧！"

第一治国大典——《帝学》

北宋年间,在一户姓范的人家里,一位临产的妇人迷迷糊糊梦见一名身体魁伟的金甲大汉走进卧室,说:"我是汉朝的大将邓禹。"产妇惊醒过来,恰好生下了个男婴,这个男婴因此被命名为范祖禹。

可惜的是,范祖禹很小的时候便父母双亡,他的叔祖父是北宋名臣范镇,他把范祖禹当作亲生儿子养大。但范祖禹仍因为自己是孤儿而伤心不已,每当别人参加喜庆的宴会时,他都面容凄惨,心情抑郁。他整日里闭门读书,从不干预人事。范镇对范祖禹十分器重,说:"这孩子将来一定是个人才。"

范祖禹在宋仁宗嘉祐年间中

《帝学》

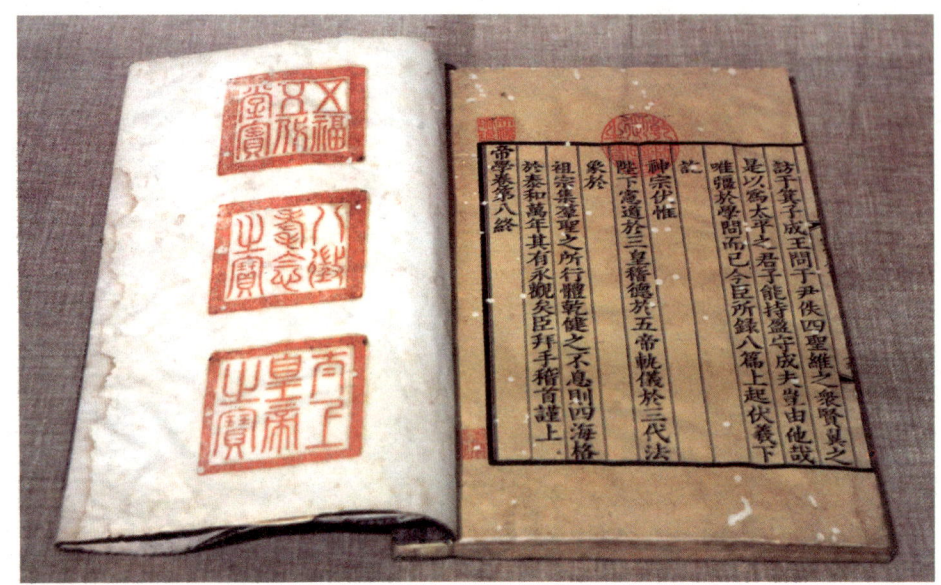

■《帝学》

宋仁宗（1010年~1063年），名赵祯，北宋第四位皇帝，宋真宗的第六子，1022年即帝位，时年13岁。在位41年。在位时期宋朝进入鼎盛，但也是衰落的起点。在位后期，官僚膨胀，对外战争屡战屡败，虽然西夏已向宋称臣，但已经出现经济危机。而且还有南蛮叛乱、交趾之乱。后来虽有"庆历新政"，但尚未成功。

了进士。司马光修撰《资治通鉴》，范祖禹负责唐代部分的撰写工作。在洛阳15年，埋头撰写《资治通鉴》，成为编撰人员中的主力，赢得司马光的称赞。

《资治通鉴》修成后，司马光推荐范祖禹担任比较重要的职位。当时是变法派的王安石执掌朝政，他十分看重范祖禹，但范祖禹不为名利所动，没去拜谒王安石。

宋神宗去世后，宋哲宗继位，范祖禹的岳父吕公著执掌朝政，范祖禹为了避嫌，辞去要职，把主要精力放在了修《神宗实录》方面。

从王安石变法到元祐更化，皇帝、太后对大政方针几次反复，让臣民们在政治旋涡中不知所措，"熙丰小人"和"元祐奸党"互相指责，虽然范祖禹"口不言人过"，但遇到大是大非问题，往往坚持原则，据理力争，从不模棱两可，其风范深受君臣好评。

经筵是汉唐以来帝王为讲论经史而特设的御前讲

席。范祖禹擅长劝讲，所讲义理明白，比喻贴切，苏轼称他为"讲官第一"。范祖禹为宋哲宗做经筵讲习近10年，他的重要著作，无不与皇帝的为学之道、为政之要息息相关。

范祖禹专门为宋哲宗写了一部帝王教育著作《帝学》，书中收录的全是范祖禹认为值得宋哲宗学习、效仿的前代君主，从伏羲、神农到尧、舜，再到汉唐，最后是本朝的各代君主。

《帝学》共8卷，记载帝王32位，其中宋代6位皇帝，占了6卷的分量，其余汉唐的帝王只用了2卷，从书中收录的内容看，基本都是教君主如何好学，或者如何向古代圣王学习，尤其是讲到宋仁宗皇帝时，范祖禹告诉哲宗，想要学习尧、舜，只需要效仿、学习宋仁宗，"则可以至天德也"。

从《帝学》各项内容可以清楚地看出儒家学说及其价值观对宋朝帝王思想的巨大影响，也可以窥见"崇文抑武"在天子观念中延续、发展的基础。

《帝学》在宋朝便作为皇帝的教育专著而备受瞩目，明代开国皇帝朱元璋将这部著作当作治国大典而纳为皇室重点藏书。

阅读链接

范祖禹刚直不阿，不畏权势，经常犯颜直谏，因而冒犯了皇帝和权臣，连遭贬谪。北宋大奸臣蔡京在蜀地做官，祖禹说他"非端良之士"，因而遭到蔡京排斥。宋哲宗好色，爱逃学，范祖禹便上书给太后，指责皇帝沉迷女色，忽视学业，宋哲宗因此很是不满。

1093年，太后去世，宋哲宗亲政，章惇、蔡卞等指使人从《神宗实录》中摘引了1000多条材料，罗织成"诋毁先帝神宗"等罪名，把范祖禹连贬数次，流放地越来越偏远。不久，范祖禹病故在广东的流放地，终年58岁。直到南宋，他才被平反昭雪，追复为龙图阁学士。

力明正学——《大学衍义》

南宋时期，福建一个贫寒家庭降生了一名男童，起名叫真德秀。真德秀早年丧父，靠着母亲的操劳，还有相对稳定的社会环境，才获得了专心学习的机会。

真德秀像

真德秀聪颖好学，4岁开始读书，过目不忘，深夜还在蚊帐中看书，以至蚊帐被蜡烛熏成黑色。当其他儿童玩游戏时，他就把这些小伙伴的书取来阅读。由于勤奋上进，真德秀18岁时便考上了举人，后来做了太学正和博士官。

真德秀胸怀忧国忧民之志，尽忠职守，希望能让偏安江南的宋王朝振作起来，以摆脱危机。

真德秀的治国方案主要是用理学

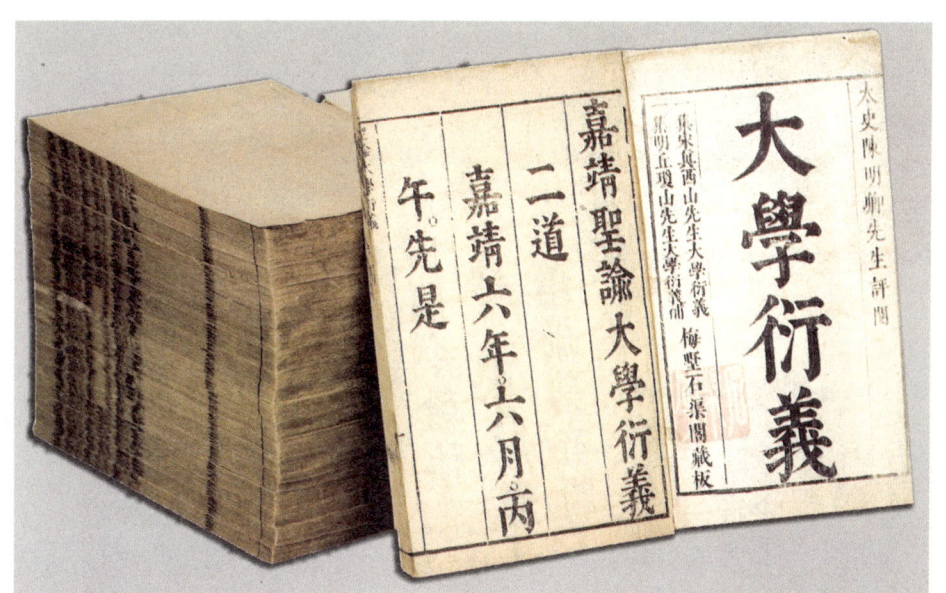

■《大学衍义》书影

思想来指导国家和臣民。在当时的形势下，南宋小朝廷根本谈不上恢复故疆。他鉴于太师韩侂贸然出兵北伐惨败的教训，主张清除腐败，严肃政纪，收服民心。这对当时处于危势的宋王朝来说，不失为正确的决策。

真德秀所编撰的政治哲学著作《大学衍义》共43卷，大旨为正君心，振纲纪，明治道，肃宫闱。

《大学衍义》专为帝王而作，全书以"帝王为治之序""帝王为学之本""格物致知之要""诚意正心之要""修身之要""齐家之要"为纲目。"每条之中，首之以圣贤典训，次之以古今之迹，诸儒之释经论史有所发明者录之。"

真德秀认为，作为执政者须永远牢记，"修身"是其主政施治的根本，"修身"不能毕其功于一役，必须长期坚持不懈，警惕私欲萌生，放纵堕落。作为执政者必须有谨言慎行的素质，口无遮拦、放言无忌

韩侂胄（1152年~1207年），即韩侂胄，南宋权相。相州安阳人。北宋名臣韩琦的曾孙。其父娶宋高宗赵构皇后之妹，韩侂胄以恩荫入仕。1194年，他与宗室赵汝愚等人拥立宋宁宗赵扩即皇帝位。宋宁宗即位不久，韩侂胄就逐赵汝愚出朝廷。从此，掌握军政大权达13年之久。

■ 明代丘浚塑像

宋濂（1310年~1381年），明代散文家、文学家，为明初诗文三大家之一。他的散文质朴简洁或雍容典雅，各有特色。朱元璋称他为"开国文臣之首"，刘基赞许他"当今文章第一"，四方学者称他"太史公"。著有《宋学士文集》。

者，不适合从政。作为执政者要常提醒自己，应起表率作用。能做到这两点，修身就有了保证。

修德有多种途径和方法，但最重要的途径和方法是学习。执政者并非天生比别人高明，人的聪明才智归根结底来自后天的学习。

因此自天子至百官都需要学习，即使真有所谓"生而知之"的圣人，也需要学习。他说："虽生知之圣，未有不从事于学者。"

真德秀认为，君臣关系很容易出现上骄下谄、是非莫察的情形。君主自以为是，搞"一言堂"，且悦人颂己，群臣阿谀奉承，齐称"圣上英明"，而不进忠谋，这样就会导致国家的危亡。

君主虽然有莫大的权力，但发号施令，只有遵循正理而行，才会为臣民所心服。否则，为所欲为，悖理行事，便会有令而不行。

真德秀的《大学衍义》在南宋以后产生过较大影响，在当时和后世均受到执政者的重视。宋理宗曾称赞《大学衍义》一书"备人君之轨范焉"。元武宗说："治天下，此一书足矣。"明太祖曾经问什么书可以作为帝王之学，当时著名文学家宋濂就推举了《大学衍义》。康熙皇帝称之为"力明正学"。

在《大学衍义》的基础上，明代户部尚书、武英殿大学士丘浚作《大学衍义补》160卷，增加了治国平天下的内容。

《大学衍义补》是为朝廷制定施政方针提供的历史参考书。国君遇到具体问题，可以从中查找相应的历史事迹与典章规制。

在丘浚看来，一个执政者英明与否，不在于他的绝顶聪明，而在于他能发挥和整合集体的智慧，这不

丘浚（1418年~1495年），明代著名政治家、理学家、史学家、经济学家和文学家，海南四大才子之一。历官经筵讲官、翰林学士、国子监祭酒、尚书、纂修《宪宗实录》总裁官、文渊阁大学士、户部尚书兼武英殿大学士等职。丘浚研究领域涉政治、经济、文学、医学等，著述甚丰，同海瑞合称为"海南双璧"。

■《大学衍义补》

仅指大臣们的智慧，还包括广大民众的智慧。为政者最大的危害，就是言路壅塞，只能听到一小部分人的意见，听不到多数人的声音。执政者成了瞎子、聋子，这种时候就可能酝酿政治上的祸乱。

丘浚认为，"任人唯贤"的选官原则，说来容易，做起来很难。问题是，谁有眼力判断孰优孰劣呢？

历史上有英明的君主，他们有知人之明，所选择的辅弼大臣皆是一时之选，但并不能保证后继的执政者都有这种知人之明。

因此，一种较为方便而可靠的办法就是参考资历，循级晋升。但这样做就带来一个严重的问题，就是那些出类拔萃的人永远没有出头的日子，因此丘浚主张："非不用资格，亦不纯用资格。随才授任，因时制宜。"

丘浚认为，治国平天下以"用人""理财"两事最为重要。理财，包括如何创造财富、积累财富和管理财富。国计民生的安排，乃至国家实力的提升，全以理财为根本。

《大学衍义》及《大学衍义补》成为元、明、清三代皇族学士必读之书。其治国之道、民生之理和廉政文化很为后世所推崇。

阅读链接

明太祖朱元璋常向宋濂询问帝王之学，并问哪些书最值得看，宋濂推荐《大学衍义》一书，明太祖于是下令把这本书的内容用大字刻在大殿两边廊壁上。不久朱元璋亲临西廊，众大臣也都在场，明太祖挑出《衍义》中司马迁论黄、老之学中的一段，让宋濂讲析。

待宋濂讲完，太祖便说："汉武帝沉溺于方技荒谬之说，一改汉文帝、景帝节俭之风，民力既已疲惫，而汉武帝还要用严刑来加以监督。如果为人之主能以仁义来治理民心，那么异端邪说就不会传播，而以学校来治理百姓的话，祸乱就不会发生，所以刑罚并不是要优先考虑使用的。"

官道之学

清代官箴

从春秋战国时期的诸子百家开始,知识分子们撰写的统御之道多是纲领性、思想性、学术性典籍,后来逐渐发展为倾向服务于帝王的教科书。到了清代,这类作品越来越罕见,代之而起的是如何为官从政、如何察言观色、如何识人辨人的官箴书。

清代知识分子把宦海沉浮的经验和教训总结成文,一方面展示自己的才华和观点,希望借此革新吏治、拒绝庸才;另一方面又能给同僚或后进者以帮助和启示。现身说法,使这些著作长期受到关注和欢迎。

从政教训——《从政遗规》

清代雍乾时期,有位朝廷大员名叫陈宏谋,在他长达47年的仕途生涯中,曾在地方上从政30余年,历任12省21职,做过知府、驿盐道、布政使、按察使、巡抚和总督等职。他任巡抚时间之长,整个清代无人可比。

清乾隆初年,由于陈宏谋屡奏广西虚报垦荒地亩问题,受到降三级的惩处,后来起复,由吏部尚书授协办大学士,再至东阁大学士,又加太子太傅衔。去世后谥"文恭"。

陈宏谋在清代官员中地位之所以重要,并不在于其任上骄人的政绩,而在于他作为一个官员

■ 清代官员朝服像

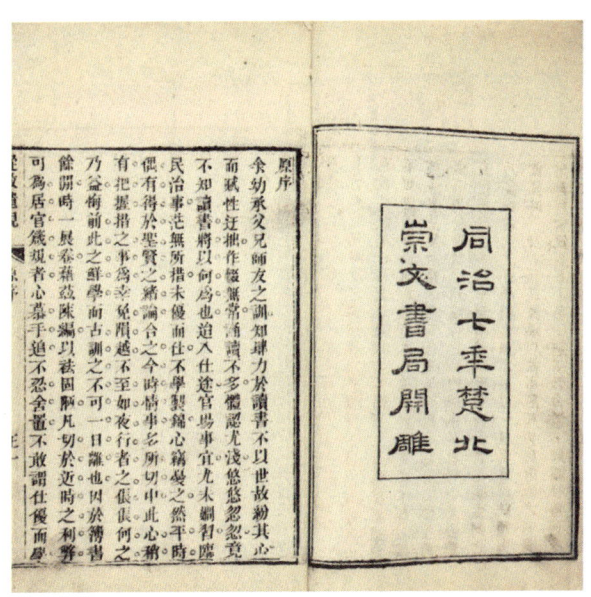

《从政遗规》书影

的典型意义,以及他对经世之说的阐释。

陈宏谋在受到不公正待遇时,编辑了《五种遗规》,其中的《从政遗规》是一部专门针对官员进行道德教化的文集。

《从政遗规》分上、下两卷,采录了宋代到清代几十位政治家和学者有关从政的言论和事迹,加上陈宏谋本人的按语编辑而成。主要选录了居官怎样清廉公正,怎样审理公务无误,怎样处理上下级关系,怎样动用刑法得当等内容。这些内容反映了清代一些官员正统精英的从政思想。

仕风和吏治直接关系到社会风气、社会稳定。在清乾隆前期,吏治问题就已经相当突出,如何扭转这种恶劣的官场风气,《从政遗规》中提到两点箴规:一要端正做官动机;二要正确对待钱财。

陈宏谋非常赞赏"仕非为贫"的观点,不能为了摆脱贫困而去做官,一旦心怀此念就会产生做官发

布政使 官名。明洪武年间撤销行中书省,以后陆续分为13个承宣布政使司,与按察使同为一省的行政长官。清代始正式定为督、抚的属官,专管一省的财赋和人事,与专管刑名的按察使并称两司。康熙六年后,每省设布政使一员,不分左右,均为从二品。

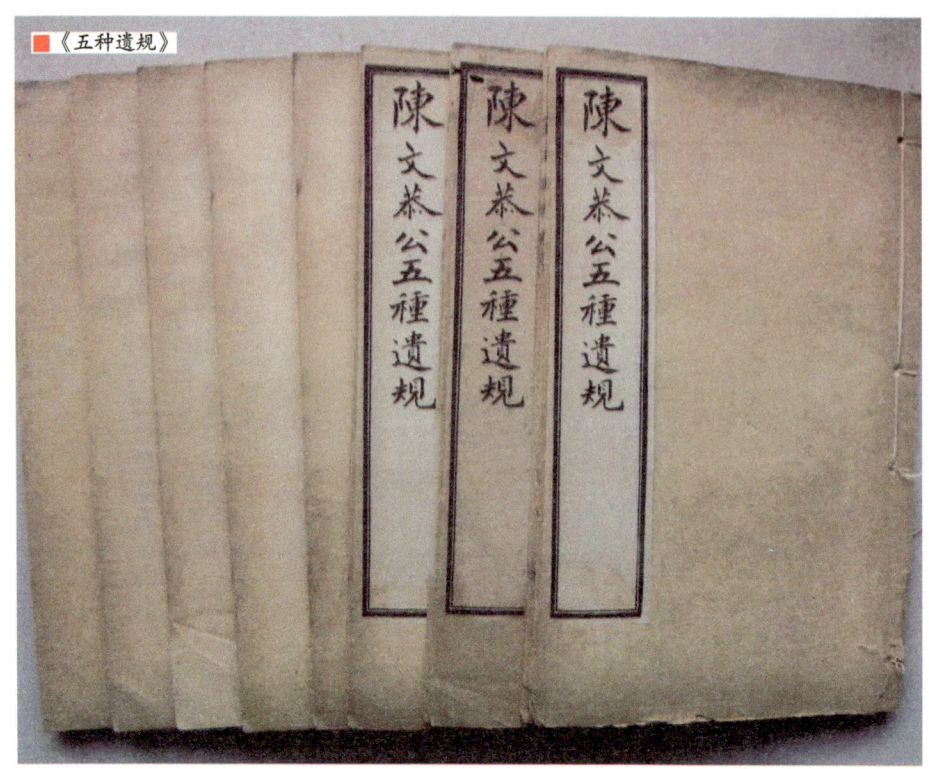

《五种遗规》

财的念头,而变得"患得患失,何所不至"。更为严重的是,还会堕落到搜刮民脂民膏以满足自身享受的地步。为了不至于在生活上被打开缺口,陈宏谋还一再强调官员应保持简朴的生活。

陈宏谋深知当奢靡风气侵袭着一个王朝的上上下下,当绝大多数的社会成员乐此不疲地追逐享乐时,这个社会便失去向上的活力而跌入恶性循环的深渊。正是有感于朝野上下对奢华生活方式的追逐,他在编辑《从政遗规》时对于提倡俭朴内容的文字大量收录。

《从政遗规》中还讲了许多办事原则和方法。关于办事原则,《从政遗规》中强调:从政者要"以爱人为本","心不可有一毫之偏向",要"为天下,不为一身。计久远,不计目前",要"平易,便民",等等。

陈宏谋认为,这些办事原则都是为政的根本,官员一定要切记在心。关于办事方法,《从政遗规》中讲得更为具体,如"以通下情为急",强调了通下情的紧迫性。又如"审而后发,发无不中",指出了官员办事只有经过审查后再做决定,才能百发百中。

清代官场人际关系非常复杂,官员整天要和官长、同僚、群吏打交道,还要接触百姓中各种各样的人,如何处理好这些关系,《从政遗规》中也有很多忠告:官员应"事君如事亲,事官长如事兄,与同僚如家人,待群吏如奴仆,爱百姓如妻子,处官事如家事,然后为能尽吾之心"。

官员如果将上下同僚都视为一家人,像处理家事那样来处理公事,就能很好地与人相处。官员对上要忠和敬,对下要谦和。如果一味地谦和,就会受到下属的轻侮,只有"谦而庄",才能使下属"爱而畏"。

《从政遗规》的著述,反映出作者陈宏谋试图借助道德教育的传统方式,寻找出解决吏治问题的途径。他的观点在当时和之后被普遍接受,清末以《从政遗规》为主的《五种遗规》被定为中学堂的修身读本,后被定为官员从政的必读书。

阅读链接

陈宏谋任江苏巡抚的时候,曾经遇到一起案件:吴县富孀周张氏,19岁守寡,抚养遗腹子长大,不料儿子突然病亡。按礼法,应该为没有后代的死者"立嗣"。周氏宗族打算为周张氏的丈夫立一个嗣子,但周张氏却要为儿子立一个嗣子。由于周张氏家富,双方无法和解,形成诉讼,前几任知县都批由宗族公议,可宗族又争议不下,累积案牍厚达数尺,一拖竟拖了18年。新任知县的师爷汪辉祖问明情况,根据传统礼法,引经据典,确认批准周张氏的请求。

后来陈宏谋亲自过问此案,详细了解情况,认为师爷批文得体,表彰了知县和师爷。

为官之道——《中国官场学》

清代官场中作为幕僚的"师爷",属于地位超然、不可或缺的一种特殊角色。而"绍兴师爷"一词则得名于清代"一代名幕"汪辉祖。

汪辉祖21岁入岳父江苏金山知县王宗闵幕府,开始涉足官场,研习刑名案件。以后在江苏、浙江各地16位官员幕内,充当刑名师爷长达34年之久。

汪辉祖画像

在此期间,汪辉祖多次应试,8次落第之后终于在31岁时中举,直到46岁时再经3次落第之后才中进士,几年后出任知县、知州,以廉洁著称。他好学不倦,精明干练,博览群书,尤对法家学说钻研甚深。他一生所解疑难杂案甚多,深得百姓爱戴。

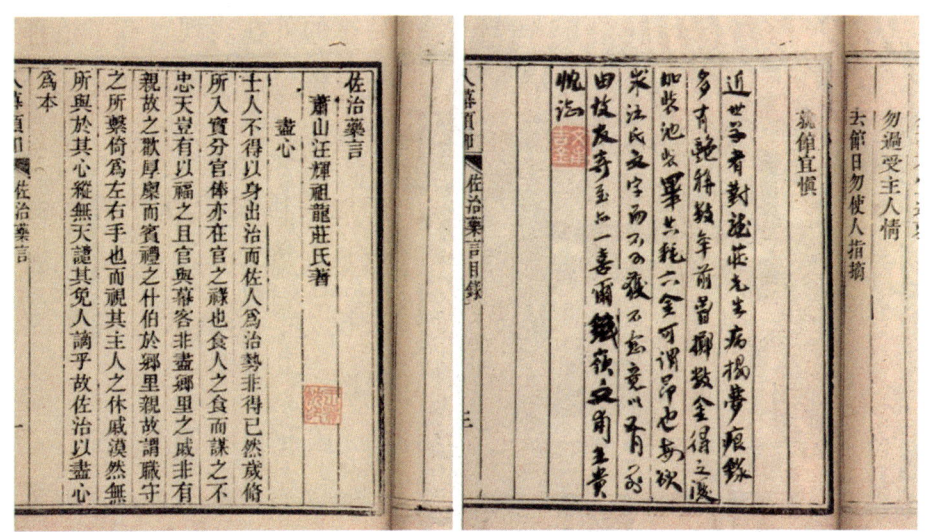

《佐治药言》

汪辉祖一生著作甚丰,尤精于史学,对姓氏研究也颇有成就。在完成大量历史著述之余,他写下了两部论述为官之道的名著《佐治药言》和《学治臆说》。这两部书在清代一直被视为地方官必备的指南。

晚年的汪辉祖,历经宦海浮沉,对官场扑朔迷离的人和事,看得入木三分,便开始对家中晚辈和亲密弟子传授官场秘道,汪辉祖的官场教科书虽也不乏种种官场机变与权术,但更多的却是教授如何做一个正直、善良、有责任心的官场中人。

汪辉祖所著的《学治臆说》《佐治药言》《续佐治药言》《幕学举要》学治说赘》,加上同时代人万枫江的《幕学举要》,合为《中国官场学》。

汪辉祖在书中指出官员走马上任,就要建立声望。一个做官的人,其名声的好坏,一般在他离任时才能够得出结论。但是实际上,在他刚刚走马上任的时候,就开始定下了好坏的基础。

汪辉祖认为做官不可无才。才能是一个人内在

幕僚 古代将帅出征,治无常处,以幕为府,故称幕府,其佐治人员则统称幕僚。以后相沿成习,幕府成为各级军政官署之代称,应聘帮助军政大员办理各类事务之文人学士,也就获得幕僚、幕宾、幕友等称谓。

品德的外在表现。有了治理的打算以后，自己的才能却不足以实现这个计划，那么在他周围里里外外的人就都乘机盗窃分走他的一部分权力，达到假公济私的目的。

因此，一件事情到了手中时，当官的人就必须从头到尾，通盘加以仔细思索才能开始动手。只有有才能的人，才能够反复权衡考虑而让事情有好的结果；没有才能的人，就算他以不变应万变，也仍然得不到好的结果。

■ 清代官场衙门

切脉 又称为把脉，是中医师用手按病人的动脉，根据脉象，以了解疾病内在变化的诊断方法。切脉具有悠久的历史，它反映了中医学诊断疾病的特点和经验。切脉是古代汉族医学家独创的诊法，近代以来西医看病习惯用听诊器，而2000多年来中医则习惯脉诊，即用手指按脉，根据脉象来诊断疾病。

在汪辉祖看来，多疑者必败。怀疑别人就会导致对别人的信任不会持久，身怀才能的人也就不会被这种人使用。对事情疑虑重重就会优柔寡断，事情也就干不成功。造成这两种情况的原因，是由于胸无定见。胸中缺乏定见，那他周围的人的意见就会左右他。

官员应当因时因地，区别对待。具备了才干和胆识，就可以算得上会做官了。然而才干贵在干练通达，胆识贵在善于明白事理。遇上那种彼此不同的风俗习惯，现在和过去形势不同的情况，特别要权衡时间和地点的差异，筹划出与之相适应的办法来。

如果自恃才能和见识足以胜任，独断专行且自以为是，那么就会始终搞不好事情，处理不好政务。这个道理和医生用药一样，如果不知道怎样切脉，不懂得在处方中加药或减药，只是一味地抄袭前人的现成药方，那么误用人参也会置人于死地，这和用砒霜杀人没有不同。

书中关于执法和量刑，提出执行法律要宽大一分，这就是所说的：与其滥杀无辜，宁可失于不照章办事。但这并不意味着放纵，如果事实确凿、刑罪相符，自然应当处以重刑。

无论是位居官长或是投身为幕僚，为官之道，造福一方，关键在于汪辉祖所说的四个字："立心要正"。立心正者，虽讷于变通，以致贬谪去职，不一定真不会做官；立心不正者，虽老谋深算，爬上高位，未必真精通当官的诀窍。

《中国官场学》的内容深刻总结了汪辉祖和万枫江两位作者历任府、州、县幕僚和知县数十年的官场经验，是清代乾隆年间官场各种现象和应对措施的集大成者。

阅读链接

汪辉祖任湖南宁远知县之前，当地规定庶民百姓必须吃淮盐，淮盐的价高于粤盐价几倍，宁远百姓私下用粤盐，粤盐在宁远属私盐，淮盐在宁远属官盐，买卖粤盐违犯禁令。作为一县之主的汪辉祖得知此事后，向上司呈文，请求允许宁远可售粤盐，购买一次不超过10斤，告示张贴全县。

宁远百姓食盐问题得到解决后，无不拍手称好。但有人却诬告汪辉祖支持贩卖私盐，汪辉祖以理抗争。后湖南总督毕沅知道此事后，大加赞赏，并"立弛零盐禁"。因此，汪辉祖被老百姓称颂为"莽知县"，有"廉明听正"之称。后他调善化县令，因足疾辞职回乡，途经宁远时，人们自发夹道相送，有的人送至长沙仍依依不舍。

官箴精粹——《居官必览》

■ 金庸斋画像

清代官场上流传一句谚语，叫做"莫用三爷，废职亡家"。这里所说的"三爷"，其实是指三种人："子为少爷，婿为姑爷，妻兄弟为舅爷。"这少爷、姑爷和舅爷，未必没有才干，但居高位者，绝不可对之倚为心腹，委以重任。

这句官场谚语实际是总结了一条十分重要的历史经验，那就是大臣们要做一个清正廉洁的好官，不仅要自己洁身自好，严于律己，而且要严格要求和管理好自己的至爱亲朋，不可任意让他们逞威弄权，尤其不可一味任用至亲，否则百弊丛生。

在清代，类似的经验之谈甚多，有些文人学子，或中低层官吏便把这类经验总结汇集成书，成为官箴书。

清代的官箴书有500余种，包括训诫格言、公牍选编、州县官入门、幕学书、传记汇编、从政自传和统治艺术汇编等多种形式。其中，金庸斋的《居官必览》便是其中的优秀佳作。

《居官必览》采用明代袁了凡的功过格形式撰写而成。该书总结出为官功格58条、过格42条，就事使、操持、兴革、教化、刑狱、赋税6个方面，展开对居官治民的功过是非的界定与评述，所论大部十分精辟，切中要害。诚如书名所言，居官者定要看一看这本书，以效法古今官吏中那些一腔正气、两袖清风的楷模，清末重臣李鸿章将此书视为"枕边书"。

《居官必览》集从政"清、公、勤、明、和、慎"六箴为一体，糅合事使、操持、兴革、教化、刑狱、赋税于一身。作者认为读书做官，首先要有"爱民之心"。

作者批评当时官场流行的种种恶习，又指出，贪官并不是与生俱来的。不少人在未仕之先，也曾满腔豪情，壮怀激烈，一心想做个一身正气、两袖清风的好官。待到进入仕途，大权在握之后，各种诱惑也就

■ 李鸿章画像

功过格 初指道士逐日登记行为善恶以自勉自省的簿格，及后流行于民间，泛指用分数来表现行为善恶程度、使行善戒恶得到具体指导的一类善书曲艺。具体做法是把这类善书分别列为功格善行和过格恶行两项，并用正负数字标示。

随之而来，意志薄弱者"于是乎良心死，而贪心生矣"。

金庸斋在书中指出："倦最害事。""当官者，一日不勤，下必受其弊。""此身苟一日之闲，百姓罹无涯之苦。"为什么呢？原因很简单，官员如果倦于政事，则必然使"民困日深"，"民生日艰"。

"政通人和"历来是我国理想的政治理念之一。清人论政，极重求"通"。清代的一些谈论政风吏治的作品中，往往对"通"字给予很大关注，并且赋予相当丰富的内容。《居官必览》警示：

> 天下大虑，惟下情不通为可虑。

不通下情的一个直接结果，就是政情蒙蔽，政令不行。如果不通下情，就不能及时察觉、处理与化解客观存在的社会矛盾，还会使各种矛盾不断积聚和发展，到一定程度，甚至形成严重的社会危机，造成"危亡之势"。

阅读链接

《居官必览》中指出为官"察访民情应从简，探知民意勿扰民"。清代名臣林则徐作为廉洁正直之士亦是如此。

林则徐当年离京赶赴广州禁烟，明令通知各地州县长官必须"五不"：不准大办酒席，不准馈赠礼物，不准惊动百姓，不准送钱给随从人员，不住豪华房子。途中有个县官接到通告后，自以为这是怕地方官准备不周到，才故意这么通知的。于是宰猪杀羊，张灯结彩，派工铺路，装修新房，专候钦差大臣光临。几天后，林则徐派出的先遣官员来了，了解到这个县官劳民伤财，被老百姓恨透了，连夜报告了林则徐。林则徐果断决定绕道而行，同时，还将情况告知县官的上司。结果这个县官被官降一级，这时他才省悟：林则徐的正直、廉洁并非虚传。